Johana Miller

Ein Kurs in Träumen

Johana Miller

Ein Kurs in Träumen

Träume erinnern,
Symbole entschlüsseln,
Traum und Wirklichkeit
bewußt gestalten

nymphenburger

In Erinnerung an Elfriede,
die von der Liebe,
von der sie lebte, liebend an andere weitergab.

Schutzumschlag: Wolfgang Heinzel
Schutzumschlagmotiv: René Magritte, Windstille, 1941, Photothèque René Magritte-Giraudon.

Satz: Walter Typografie & Grafik, Würzburg
Gesetzt aus: 11/13 Goudy
Druck und Binden: Jos. C. Huber, Dießen
Printed in Germany
ISBN 3-485-00799-4

Meine Träume sind mein Leben

Wir geben anderen nichts,
was sie nicht schon haben,
aber wir erwecken,
was in ihnen schläft.

„Werden meine Träume wahr?" Welche Erwartungen, Hoffnungen, Ängste und Wünsche verbergen sich hinter dieser Frage? Tatsächlich haben wir sehr viele Träume; anderthalb Stunden Traumzeit in einer Nacht, ungefähr hunderfünfzigtausend Träume in einem Leben. Dazu kommen noch die Wunschträume, die uns tagsüber wachhalten.
„Träumst du schon wieder? Hör' auf zu träumen! Zum Träumen habe ich keine Zeit." Wer kennt nicht diese nörgelnde Frage, entmutigende Aufforderung und freiwillig auferlegte Selbsteinschränkung? Aber die Träume schweigen nicht, auch wenn sie auf taube Ohren fallen, auf Unverständnis stoßen oder für Schäume gehalten werden.
„Träumen Sie mehr, arbeiten Sie weniger!" rufen Ihnen diese Wort aufmunternd zu. Haben Sie den Mut, sich wieder an Ihre Träume zu erinnern, denn dann erinnern Sie sich an sich selbst. Wagen Sie sich noch ein Stückchen weiter: Leben Sie Ihre Träume! Verwirklichen Sie Ihre Ideen! Entfalten Sie Ihre Persönlichkeit! Leben Sie das, was Sie sind! Träumen Sie von der Freiheit, die grenzenlos ist, denn mit Ihren Träumen gelangen Sie bis ans Ende der Welt und in Ihr eigenes Herz.
„Machen Sie Ihre Träume wahr," damit befaßt sich dieses Buch. Es ist aus einer Welt von Träumen entstanden, die ich im Laufe meiner beruflichen Arbeit in den USA, im Mittleren Osten und in Deutschland kennengelernt habe. Zur Zeit treffe ich mich mit Traumgruppen im Rhein-Maingebiet und in Seattle, wo ich mir vor vielen Jahre an der University of Washington am „Crisis Intervention Center" meine Sporen verdient habe. Dort habe ich erfahren, daß Träume hellwach werden, wenn Krisen das Leben eines Menschen berühren. Natürlich sind es auch die Geheimnisse meines eigenen Traumlebens, die hier mit der persönlichen Überzeugung an die Öffentlichkeit treten, daß eine kreative Lebensgestaltung durch eine aktive Traumarbeit möglich ist.
Die Dichotomie von Vorherbestimmung und freiem Willen hat mich bereits in frühster Jugend beschäftigt. Dramatische Kindheitsträume und Vorhersageträume eines Flugzeugab-

sturzes und Vulkanausbruchs haben mich sehr betroffen gemacht und mein Weltbild bestimmt. Auf Grund dieser Erlebnisse sind es besonders Vorhersageträume, die meinen Schlaf beleben. Paradoxerweise steht aber im Mittelpunkt dieses Buches die Diskussion, daß die Ursache des Vorherbestimmten in der persönlichen Glaubensüberzeugung ihren Ursprung hat. Seitdem folge ich der Spur, die das Unsichtbare sichtbar macht, und ich freue mich, daß Sie mich begleiten. Somit kreuzen sich unsere Wege, um persönliche und gemeinsame Ziele zu verwirklichen, wie die Träume nicht aufhören zu bekunden.

Solange man an eine Vorherbestimmung durch ein Schicksal glaubt, werden die Träume überwiegend von den traditionellen Werten der jeweiligen Kultur bestimmt, zu denen sich der Träumer zugehörig fühlt. An der Ost- und der Westküste der Vereinigten Staaten habe ich diese Unterschiede kennengelernt. Später bin ich vom Gedankengut der Indianer und Eskimos gestreift worden, mit denen ich vorwiegend in Therapiezentren in Berührung kam. Sie erinnerten sich an bewegende Träume ihres Stammes, einige auch an die von Seattle, ihrem letzten Häuptling. Aber ihre individuellen Träume waren von großer Hoffnungslosigkeit geprägt. Ihre traurigen Gesichter, ihre bleierne Resignation, von gelegentlicher Wut und Aggression unterbrochen, haben einen tiefen Eindruck auf mich gemacht. Nach ihnen suche ich noch, wenn ich auf dem „Pioneer Square" in Seattle umhergehe. Ich würde ihnen gerne noch sagen, wie das Beziehungsgeflecht von Gedanken und Gefühlen den Werdegang von Traum und Wirklichkeit bestimmt.

Menschen aus anderen Kulturen, auch die, die in Deutschland leben, deuten ihre Träume ganz anders als westliche Intellektuelle, die sich schwer tun, die Weisheit der Träume zu erfassen. Die Beduinenfrauen, die in Khamis Mushayt, im Hochplateau der Asir Berge, damals für eine Weile unsere Nachbarn waren, kennen andere Symbole als die „Streetkids" in der Mainmetropole. Beide Gruppen werden wegen

ihres „nomadischen" Lebenswandels ständig von Existenzsorgen bestimmt; die einen träumen von islamischen Engeln und die anderen von Dealern und Polizei.
Trotz dieser mit gesellschaftlichem „Schicksal" verhafteten Menschen, möchte dieses Buch Sie befähigen, die Grenzen Ihrer Lebensumstände und Vorstellungen zu sprengen und weit über das hinauszugehen, was Sie im Moment für möglich halten. Dafür gibt Ihnen der Traum allnächtens Beispiele genug, und jetzt können Sie lernen, wie Sie damit Ihr Leben konstruktiv gestalten.
Grundlegend dafür ist allerdings Ihre Akzeptanz, daß Sie mit Ihren Gefühlen und Ihren Gedanken Ihre Realität erschaffen. Befreien Sie sich von adoptierten Überzeugungen und Meinungen, und schulen Sie Ihr Vertrauen, Ihre persönlichen Werte und Wahrheiten zu entdecken, zu entwickeln und zu leben. Der Umgang mit Ihren Träumen, so wie es in diesem Buch vorgeschlagen wird, ist ein Weg, souverän und unabhängig zu werden. Entdecken auch Sie, daß Sie ein freier Mensch sind. Ich meine damit eine Freiheit, die Sie nicht mehr zum Opfer von Umständen und der Willkür anderer Menschen werden läßt. Wie Sie sich in Freiheit, Unabhängigkeit und selbständiger Verantwortung hinein träumen, das möchte Ihnen diese Lektüre mit ihren praktischen Übungen zeigen.
Greifen wir noch ein paar Fragen auf, mit denen sich Träumende häufig befassen, und welche Erwartungen dieses Buch noch zu erfüllen versucht. Viele möchten gerne wissen, wie sie sich an ihre Träume erinnern und ihre Symbole entschlüsseln können. Der erste Teil stellt dazu Übungen bereit, die ich *„Patente"* nenne. Angeregt wird das Traumverständnis auch durch Mythen und Märchen, mit denen Sie tiefer in Ihre Träume einsteigen können. Sie werden auch mit der strukturellen Entwicklung eines Traumes vertraut gemacht und mit den Rollen, die Sie und andere in Ihren Träumen spielen. Die ausführliche Inhaltsangabe ist Ihre Landkarte, mit der Sie sich im Anhang einen Überblick über Ihre Traumkarriere verschaffen können.

Dieses Buch will Ihnen aber weitaus mehr bieten als die Deutung Ihrer Träume. Die „Patente“ geben Ihnen nämlich eine Vielfalt von Anregungen, wie Sie Ihre Traumbotschaften praktisch umsetzen, Ihre Träume bewußt herbeiführen und andere verwandeln können. Der Bezug von Traum und Wirklichkeit wird immer wieder hergestellt, damit diese Beziehung zur Selbstverständlichkeit wird und Sie Ihren Wünschen, in Träumen bereits vorgestellt, zur Realität verhelfen.

Das Kapitel über „So deute ich meine Träume“ ist mit einem Interviewblatt bestückt, mit dem Sie Ihre eigenen und die Träume anderer auseinander- und wieder zusammensetzen können. Ausführliche Traumbeispiele zeigen Ihnen, wie es geht. Indem der Traum nach außen verlagert wird, werden psychische Prozesse in Gang gesetzt, die die Bedeutungen, Botschaften und heilenden Wirkungen der Träume zum Erlebnis werden lassen.

Schließlich möchten Ihnen die sozial kritischen Träume zeigen, wie wir mit unserem Umfeld verknüpft sind und zu „höheren“ Erkenntnissen Zugang haben. Die „Szenen einer Trennung“, eine siebenjährige Traumserie, bietet Ihnen mit anschaulichen Beispielen nicht nur die Chance, das Gelernte noch etwas zu vertiefen, sondern auch eigene Trennungen zu verarbeiten. Die psychische Entwicklung und die Wahl der Symbole sind bei solchen Prozessen erstaunlich ähnlich.

In tiefer Dankbarkeit fühle ich mich mit allen Träumenden verbunden, die mir auf der Reise zu sich selbst ihr Vertrauen geschenkt haben. Viele ihrer bewegenden, oft prosaisch schönen Träume finden Sie in diesem Buch. Sie würden gerne zum Spiegel Ihrer eigenen Traumerfahrungen werden und Sie ermutigen, sich mit der Weisheit der Träume und ihrer Symbole anzufreunden. Ganz herzlich gratuliere ich den Träumerinnen und Träumern, die es wagen, ihre Gefühle sichtbar zu machen und ihre Träume zu leben. Aber überzeugen Sie sich selbst, welch einmaliges Kunstwerk ein Traum ist, indem Sie Ihre eigenen entdecken lernen.

Was ist ein Traum?

Durch die Unwahrscheinlichkeit
entzieht sich die Wahrheit
dem Erkannten.

Viele Bücher sind über das Wesen des Traumes geschrieben worden, ohne eigentlich zu wissen, was denn nun ein Traum ist. Man hört von der vergessenen Sprache Gottes, der Stimme des Unbewußten, von Bildern und Symbolen, die im Schlaf auftauchen. Einig ist man sich darüber, daß er aus dem großen Reich des Unbewußten kommt, dessen unermeßliche Dimensionen in diesem Buch besonders gewürdigt werden.

Der Traum hat ein eigenes Bewußtsein.

Der Traum, der eine selbständige Existenz und ein eigenes Bewußtsein hat, zeigt sich in seinen Symbolen, die im Wachbewußtsein entschlüsselt werden können. Wachen und Träumen, Bewußtheit und Unbewußtsein, sind zwei verschiedene Bewußtseinsebenen, die beide aktuell und gleichermaßen von Bedeutung sind. In unserem Bewußtsein siedeln sich Wissen, Überzeugungen und für gültig erachtete Wahrheiten an, die wir aus unserer Kultur und unseren persönlichen Erfahrungen zusammengetragen haben. Im Gegensatz dazu ist das Unbewußtsein unser eigentliches Sein, unsere Existenz, unser Universum. Hier schläft die Schöpfung – vollkommen, ohne Makel – und wartet darauf, von Ihnen erweckt zu werden. Nicht nur Ihre Träume, sondern Ihre gesamte Wirklichkeit haben dort ihren Ursprung. Sie brauchen nur aus dieser Fülle zu schöpfen, und es wird Ihnen an nichts mangeln.

Während der Körper schläft, wird aus Ihren unbewußten Vermutungen, die das Ergebnis Ihrer emotional empfundenen Ideen sind, ein Traum gewoben, der Ihnen unmißverständlich sagt, welche Überzeugungen und Glaubensmuster zu Ihnen gehören. Jeder Traum und jedes äußere Ereignis ist ein Spiegel Ihrer Bewußtseinsstufe, d.h. Ihrer persönlichen und spirituellen Reife. Sobald eine Veränderung auf der Bewußtseinsstufe eintritt, dazu gehören neue Einstellungen oder Ansichten, werden sich automatisch die Phänomene Ihres täglichen Lebens ändern. Der Versuch, äußere Situationen zu manipulieren, ehe sich im Bewußtsein etwas verändert hat, ist vergebliche Liebesmühe.

Im Traum werden Ereignisse gestaltet, deren Entwürfe Sie tagsüber leben.

Im Schlaf – im unbewußten Zustand – werden also Ereignisse gestaltet, deren Entwürfe Sie tagsüber leben. Oder anders ausgedrückt: Im Wachzustand verhalten Sie sich entsprechend der psychischen Prozesse, die im Traum vorbereitet wurden; deswegen ist uns die Ursache unseres Handels fremd bzw. unbewußt.

Träume erscheinen oft chaotisch, weil unser begrenztes Tagesbewußtsein keinen Bezug zu den erweiterten Dimensionen der Traumaktualität herstellen kann. Dazu erscheinen sie ambivalent und undurchsichtig, weil ihnen die unmittelbare Einordnung in Raum und Zeit fehlt. Vergangenheit, Gegenwart und Zukunft werden dort als gemeinsamer Treffpunkt erlebt, wo sich aber neue Perspektiven öffnen, die eine tiefe Ausdehnung und Betrachtung für die Ihnen am Herzen liegenden Themen ermöglichen.

Tageseindrücke, die eine bestimmte Empfindung auslösen, berühren ein ähnlich empfundenes Erlebnis aus Ihrer Vergangenheit, das ungelöst geblieben ist, in der Spannung lebt und befreit werden möchte. Die Emotionen der Vergangenheit und Gegenwart verbinden sich und setzen sich an den Rand Ihres Bewußtseins. Dort versuchen sie, ein Bild – also einen Traum – zu entwerfen, das am treffendsten diese neuen Gefühle symbolisch ausdrückt. Außerdem versucht der Traum, Vorschläge, Botschaften, sogar Lösungen anzubieten. Bei der Entschlüsselung des Traumes geht es darum, den emotionalen Gehalt dieser Bilder herauszuschälen, und da Gleiches mit Gleichem empfunden wird, ist das nur über die Gefühle möglich. Jeder Traum konstatiert Ihre Gefühle derart, daß Sie für jede aktuelle individuelle Situation eine neue authentische Sicht entwickeln können, die emotionale Heilung ermöglicht. Es ist eine unverrückbare Ehrlichkeit, die darüber hinausgeht, was Ihnen bislang bewußt war oder an was sie geglaubt haben. Der Traum zeigt Ihnen eine absolute Wahrheit, die aber nicht erschrickt und schockiert, da er die Eigenschaften des kritischen Bewußtseins entbehrt.

Der Traum zeigt Ihnen eine absolute Wahrheit.

Der Traum ist auch eine Brücke von der Vergangenheit über die Gegenwart zur sogenannten Zukunft. Kreative Unternehmungen und wissenschaftliche Beschäftigungen werden immer von einem aktiven Traumleben begleitet. Oft sind es die Träume selbst, die Ihnen mit konkreten Ideen vorangehen. Zusätzlich scheint Ihre Seele eine eigene Entwicklung zu haben, die in prophetischen Träumen zum Ausdruck kommt. Auch können Sie in die tieferen Schichten der Seele einsteigen, wo Märchenhaftes und Mythisches und die Erinnerung an die Existenz früherer Leben beheimatet sind. Stellen Sie sich jede Nacht darauf ein, was Sie sind, und ruhen Sie in dem absoluten Vertrauen, daß sich das Gewünschte schon manifestiert hat. In Ihnen ist bereits alles in seiner Vollkommenheit angelegt; es muß nur von Ihnen erweckt werden. Schlafen Sie niemals mutlos und unzufrieden, niemals mit dem Gefühl des Mißerfolgs ein, denn Ihr Unbewußtes sieht Sie so, wie Sie sich selbst sehen. Zuverlässig wird es Ihre persönlichen Überzeugungen zur Realität gestalten, ganz gleich, ob sie schlecht oder gut sind. Da Ihre Gefühle die Spuren hinterlassen, aus denen das Unbewußte eine sichtbare Gestalt formt, geben Sie Ihren Träumen die Chance, Ihnen ein glückliches Leben vorzubereiten.

In Ihnen ist alles in seiner Vollkommenheit angelegt.

Traumleben: märchenhaft, mythisch, realistisch

Träume sind die Brücke
zu einem bewußten Leben.

Vorbereitungen für die erste Traumreise

Um die Nächte zu Begegnungsstätten Ihrer wahren Bedürfnisse und deren Erfüllung zu machen, bedarf es äußerer und innerer Vorbereitungen. Reisegepäck, nächtliches Lager, Gedanken und Gefühle vor dem Einschlafen bestimmen die Richtung und Qualität ihrer nokturnen Abenteuer und die Realität Ihres Alltags.

Das Reisegepäck

Ehe es losgeht, helfe ich Ihnen, Ihren Koffer zu packen. Damit die Reise unbeschwerlich ist, wird das Gepäck leicht sein. Spüren Sie dabei die spannende Vorfreude, so, als ob Sie auf eine großartige Entdeckungsreise gehen, eine, die Sie sich schon immer einmal gewünscht haben? Wenn Sie still oder verzagt sind, nehmen Sie dieses Buch zur Hand. Lassen sich von der Freude in die Hoffnung tragen, daß Sie sich auf der Traumreise wiederfinden und Traumgestalten treffen werden, denen Sie vielleicht noch nie begegnet sind.

Jede Nacht befinden Sie sich auf einer Traumreise.

Da Sie sich für diese Lektüre interessieren, ist Ihnen wahrscheinlich die Reise sehr wichtig. Je sorgfältiger Sie sich darauf vorbereiten, um so eher haben Sie die Chance, Ihr Ziel zu erreichen. Das Buch wird Ihnen Schritt für Schritt zeigen, wie Sie auf der Reise zu sich selbst vorankommen. Versunkene Städte, vergrabene Schätze, Vergessenes aus der Kindheit werden wieder lebendig. Die Traumerfahrungen werden Ihnen zeigen, wie die zahlreichen Symbole Ihrer Träume auch Ihr Tagesbewußtsein bereichern.

Sie befinden sich natürlich, wie Sie wissen, jede Nacht auf einer Traumreise und werden durch alle möglichen Traumlandschaften geführt. Jetzt haben Sie sich im Unterschied zu vielen anderen Träumenden jedoch vorgenommen, Ihre Reiseabenteuer bewußt wahrzunehmen.

Was nehmen Sie mit auf diese Reise? Wie gesagt, es ist nicht viel. Außer diesem Buch benötigen Sie ein Tagebuch oder ein Heft, in das Sie Ihre Träume eintragen, sowie Schreibzeug, eine Lichtquelle oder ein Diktiergerät. Alles legen sie neben Ihr Bett, griffbereit, um die Fülle Ihrer nächtlichen Erlebnisse festzuhalten. Nehmen Sie sich schon zu Beginn Ihrer Reise vor, alles aufzuschreiben, was Sie behalten haben; den Besuch der längst verstorbenen Großmutter, das Wiederfinden eines Schmuckstückes, das sie kürzlich verloren haben, oder auch nur das kurze Aufblitzen eines Gegenstandes. Beim Aufschreiben wird der Traum noch einmal nacherlebt und gewinnt somit an Realität, wodurch neue Erkenntnisse entstehen.

Beim Aufschreiben des Traums entstehen neue Erkenntnisse.

Das nächtliche Lager

„Wie man sich bettet, so liegt man", sagt der Volksmund. Sie tun gut daran, Ihr Reisegepäck neben ein Bett zu stellen, das Erholung und Entspannung verspricht, anstatt sich in seinem Durcheinander erst ein Ruheplätzchen suchen zu müssen und erschöpft oder nervös einzuschlafen. Das äußere Chaos könnte sich auf die innerlich gewünschte Ruhe und Konzentration ausdehnen. In einer Atmosphäre, die zum wohltuenden Schlaf einlädt, fühlen sich auch die Träume zu Hause. Frisch durchlüftete, kühle Schlafräume, leichte Zudecken und vielleicht eine kleine Erhöhung des Kopfes unterstützen das Traumvermögen.

Besonders, wenn man nicht alleine schläft, sollte man eine kleine Taschenlampe der Nachttischlampe vorziehen.

Oft kündigt sich morgens vor dem Aufwachen eine Traumreise an, die, ohne dem Partner das Schlafpensum zu beschneiden, schriftlich mit der Taschenlampe festgehalten werden kann. Auch in der Nacht gibt es noch ein paar Traumperioden, die, wenn auch kürzer, dazu einladen, Heft und Stift zur Hand zu nehmen. Am Anfang jedoch wird man froh sein, einen einzigen Traum, wie immer kurz und bescheiden, zu erhaschen. Aber vielleicht möchte sich Ihr(e) Partner(in) auch der Traumreise anschließen. Sehen

Sie schon, wie Sie beide morgens mit strubbeligem Haar Ihren Lebensentwurf gestalten oder wie Sie telepathisch voneinander träumen? Davon soll in späteren Kapiteln die Rede sein.

Allmählich lernt man auch im Halbdunkeln zu schreiben und den Stift auf die Seite des Traumtagebuches mit den Fingern so zu halten, daß man im Dunkeln ahnt, wo die Schreiblinie ist. Man kann sich auch in ein Nebenzimmer schleichen, um dort längere Episoden zu notieren, ohne daß der Traum bei der Übersiedlung auf der Strecke bleibt. Am Anfang sinken die Träume oft ins Unbewußte zurück, wenn sie durch eine Körperbewegung angeschubst oder von anderen Gedanken gestört werden.

Wie immer Sie Ihre Schätze horten, hüten Sie ihre Intimität, da die Träume nur für Ihre Augen bestimmt sind und ohne Ihre Zustimmung sie niemand lesen sollte. Dieses heilige Versprechen sollten Sie sich geben. Lassen Sie sich nicht durch begütigendes Belächeln oder weniger erbauliche Kommentare anderer von Ihrem Ernst, sich kennenzulernen und Lösungen für Ihre Probleme zu finden, abbringen.

Nehmen Sie Ihre Träume ernst.

Abschied vom Tag

Ehe sie sich nun zur Ruhe begeben, freuen sich Körper, Geist und Seele, wenn Sie sich vom Rest der Alltagslast befreien. In Ihr Tagebuch oder Heft können Sie kurz die wichtigsten Tagesereignisse eintragen, sie sich von der Seele schreiben, damit die Nacht ihre Eindrücke auf einem frischen Blatt hinterlassen kann. Zur Not reicht eine kurze Zusammenfassung des Tages. Sie bringt Ordnung in Ihre Gedanken, und das, was sich ausdrücken darf, blockiert nicht mehr.

Während Sie sich freischreiben, merken Sie, wieviel sich am Tag abgespielt hat oder welche Gedankenfülle Ihren Kopf beschwert. Vieles ist unwichtig und hat keine Bedeutung. Sensationen aus Fernsehen, Zeitung und Radio oder Auseinandersetzungen haken sich im Kopf fest. Und unter diesem ganzen Gerümpel fremder Meinungen und angestauter

Gefühle sind unsere Werte, unsere Einmaligkeit und unsere Ziele vergraben.
Ihre Vorstellung für ein erwartungsvolles Einschlafen und Ihre tatsächlichen Vorbereitungen dazu setzen Energien in Bewegung, die Ihren Wünschen zur Realität verhelfen. Es ist weniger Ihr Tun, das Sie ein gestecktes Ziel erreichen läßt, sondern mehr die Gewißheit zu spüren, daß Sie dort, wo Sie sein möchten, schon längst angekommen sind; sonst könnten Sie gar nicht die Vorstellung besitzen, dorthin zu wollen. Im Grunde sind Sie immer schon angekommen. Wenn Sie wirklich mit dem absoluten Vertrauen einschlafen, daß Sie Ihre Träume behalten und sie Ihnen bei der Bewältigung Ihres täglichen Lebens helfen, dann werden Ihnen auch entsprechende Träume geschenkt. Das gleiche gilt natürlich auch, wenn Sie zu anderen Zeiten schlafen. Viele Interessierte berichten von fabelhaften Träumen während des Mittagsschlafes.

In der Frage liegt bereits die Antwort

Der Traum hilft Ihnen bei der Bewältigung Ihrer täglichen Aufgaben.

Sobald Sie sich von den Tagesresten befreit haben, können Sie sich mit einer konkreten Frage an Ihre Traumkraft wenden, um Rat oder Hilfe, Trost oder Heilung bitten. Damit leiten Sie eine Inkubation ein, was sich von „incubare" ableitet und soviel wie hinlegen bedeutet. Tun Sie so, als ob Sie in ein Inkubationsbett steigen, um dort erbetene Traumoffenbarungen zu empfangen. Es gab immer schon heilige Stätten, wo man sich mit Fasten, Gebeten oder Meditation in der Inkubation oder im Tempelschlaf darauf vorbereitete, auf göttliche Botschaften zu warten. Diese Heilstätten haben Ihre Kraft nicht verloren, und Ihre Schlafstätte können Sie ebenfalls zu einer solchen deklarieren. Später, im Kapitel „So deute ich meine Träume", erfahren Sie mehr darüber.
Konzentrieren Sie sich dabei mehr auf eine Lösung als auf das Problem. Auf der Suche nach der Antwort kommen Sie zum Ziel, d.h. auch zum Ursprung Ihrer eigentlichen Frage, die auf das Wesentliche eingeht und beleuchtet, was hinter der Frage steht.

Tragen Sie Ihre Frage in die Mitte Ihres Traumtagebuches ein. Denken Sie an das Datum. Wenn Sie wollen, können Sie Ihre Träume auch numerieren. Wenn Ihre Frage besonders brennend ist, bleibt es Ihnen belassen, vor dem Schlafengehen noch einen Brief an die Traumkraft zu schreiben, den Sie unter Ihr Kopfkissen deponieren können. Sollten Sie zufällig einen Edelstein zur Hand haben, so legen Sie ihn dazu. Ein Malachit, Amethyst oder Obsedian befreit von Blockaden.

Der Traum beantwortet Ihre Fragen.

Legen Sie sich nun hin. Wenn Sie möchten, können Sie sich der folgenden Entspannung und Visualisation widmen. Eine kreative Visualisation ist eine mentale Übung, in der man sich das vorstellt, was man gerne erreichen möchte, damit es zur Realität wird. Dabei ist es empfehlenswert, sich jedesmal auf nur einen Wunsch zu konzentrieren, der aber abstrakt und leblos bleibt, solange er nicht mit Ihren Gefühlen beseelt wird.

Kreative Visualisation vor dem Einschlafen

Achten Sie darauf, daß Sie warm und bequem im Bett liegen.

Schließen Sie Ihre Augen, und bereiten Sie sich auf eine kreative Visualisation vor.

Entspannen Sie sich, atmen Sie ruhig ein und aus. Beobachten Sie dabei gelassen Ihren Atem.

Wiederholen Sie nun Ihre Frage dreimal, wenn möglich laut, und übergeben Sie sie an Ihre Traumkraft. Lassen Sie los, und vertiefen Sie Ihre Entspannung.

Stellen Sie sich nun vor, wie Sie am Morgen aufwachen und wie es sich anfühlt, einen Traum behalten zu haben. Spüren Sie die Freude, die Sie dabei empfinden.

Sehen Sie in der Vorstellung – mit geschlossenen Augen –, wie Sie Ihren Traum aufschreiben und sich für die Lösung bedanken.

Abschließend empfiehlt es sich, Ihren Körper mit einem strahlenden klaren Licht zu umhüllen, so daß Sie vor negativen Energien geschützt sind. Lenken Sie Ihre Konzentration nach innen, und versenken Sie sich in eine friedliche Ruhe. Ich wünsche Ihnen eine gute Nacht und klare Träume!

Insel zwischen Einschlafen und Tiefschlaf

Faszinierende Bilder tauchen vor dem Einschlafen auf.

Im Übergang vom Einschlafen zum Tiefschlaf gibt es eine Übergangsphase, die man Hypnagogik nennt. Sie ist sehr delikat und von äußerster Bewußtseinsklarheit. Zeitweilig zeigen sich hier – wenn auch nur kurz – faszinierende, lebhafte Bilder, die irgendwie bruchstückartig überlagert sind, wie z.B. das Hineingucken in einen Würfel. Hinzu kommen – wenn auch selten – außergewöhnliche sinnliche Wahrnehmungen, bei denen man vielleicht Stimmen hört oder psychedelische (bewußtseinserweiternde) Bilder sieht. Dieses Übergangsstadium ähnelt dem Zustand, den wir erfahren, wenn wir am Ende unseres Lebens in ein anderes Bewußtsein gelangen. Wer möchte, kann diese einmalig schöne Bewußtseinsklarheit vor dem Schlafengehen üben.

Da sich in der Einschlafsphase auch die Muskeln entspannen, erleben einige ein kaum merkliches Abgleiten in den Schlaf; andere fallen plötzlich hinein, um in einer Schrecksekunde wieder wach zu sein, ehe sie zur Ruhe kommen. Manchmal äußert sich ein vorübergehender Reflexverlust in einer momentanen lähmenden Unbeweglichkeit. Sobald man die Augen öffnet, werden die Reflexe wieder aktiv, und damit ist die Kontrolle über die Muskelbewegung wieder hergestellt. Diese Beobachtungen macht man hin und wieder, wenn man bei einer Visualisation einschläft, sich bewußt wird, daß man träumt, oder wenn man anschließend „normal" weiterträumt.

Das erste Erwachen

Guten Morgen, haben Sie gut geschlafen und etwas Schönes geträumt? So begrüße ich alle, die in meiner Nähe aufwachen. Irgendeine Überraschung ist morgens immer dabei.

Lernen Sie wieder zu staunen, auch über die kleinen Dinge! Vielleicht haben Sie ja tatsächlich einen Traum gehabt. Aber am Anfang erinnert man sich meistens nur an Traumfragmente oder hat lediglich das Gefühl, geträumt zu haben. Wenn Sie zu tief und fest schlafen, könnten Sie daran zweifeln, je von den Flügeln des Traumes gestreift zu werden. Darüber finden Sie mehr im nächsten Kapitel „Wie erinnere ich mich an meine Träume?“ Es ist gar nicht schlimm, wenn Sie sich an gar keine erinnern, noch nicht einmal an Bruchstücke. Denn Ihr Traumbewußtsein muß erst einmal daran glauben, daß Sie sich wirklich für Ihre Träume interessieren. Mit dieser Absicht wird auch die Beziehung zwischen Ihrem Bewußtsein und Unbewußten gefestigt, über deren Brücke die Träume in Ihr Leben treten.

Schreiben Sie die ersten Eindrücke beim Erwachen auf, da Gedanken und Gefühle dem vergessenen Traum entstammen. Sie werden zu einem späteren Zeitpunkt erstaunt sein, welche Hinweise sich daraus ergeben. Hier ist ein Beispiel von Julia, die sich zwar noch nicht an ihre Träume erinnert, aber ihre morgendlichen Impressionen erwartungsvoll aufschreibt.

Schreiben Sie Ihre ersten Eindrücke beim Erwachen auf.

Julia erinnert sich

Allmählich werde ich wach. Ich habe den Eindruck, daß ich aus einer ganz anderen Welt komme. Meinen Körper spüre ich kaum, er ist ganz leicht. Ich genieße die Unbeschwertheit. Eine sanfte Freude steigt in mir auf. Ich kann mich an keinen Traum erinnern, aber ich habe, glaube ich, etwas Schönes geträumt. Ich wüßte gerne, was es ist. Ich freue mich schon auf die Träume, die bald kommen werden.

Nehmen Sie Ihren Körper, Ihre Gedanken und Gefühle bewußt wahr

Wir wollen nun sehen, wie Sie Ihre Aufmerksamkeit für Ihre Träume schulen können, damit Ihnen die Fäden, die Ihre innere mit Ihrer äußeren Welt verknüpfen, bewußter werden.

Schulen Sie Aufmerksamkeit und Konzentration.

Sobald Sie davon überzeugt sind, daß Sie sich durch die Träume erst richtig kennenlernen, werden Sie sich auch selbst reichlich Beachtung schenken. Je mehr Sie über sich selbst wissen wollen, um so mehr träumen Sie und um so freier werden Sie. Indem Sie sich selbst wahrnehmen – die Wahrheit in sich selbst spüren – erleben Sie Ihre Mitte, wo Ruhe und Frieden zu Hause sind. Beobachten Sie Ihre Gedanken und Gefühle, und lernen Sie, die Empfindungen Ihres Körpers zu verstehen. Das kann Ihnen niemand abnehmen; nur Sie sind in der Lage zu wissen, was Sie denken, fühlen und empfinden. Ein jeder Gedanke ist an ein Gefühl gebunden. Aus jedem Gefühl entsteht eine Körperempfindung, und aus Gefühlen entwickelt der Traum seine Symbole. Entdecken Sie, wer Sie sind, auch dann, wenn Sie noch keine Träume haben! Mehr und mehr werden Sie unterscheiden können, was in Ihrem Leben wirklich von Bedeutung ist und wie Sie den Nebensächlichkeiten Ihre Energien entziehen können.

Aus jedem Gefühl entsteht eine Körperempfindung.

Der Traum trägt Sie beim Erwachen in Ihre bewußte Gedanken- und Gefühlswelt, dieser Fluß wird durch Radiomusik oder das Klingeln eines Weckers oft unterbrochen. Programmieren Sie Ihr Unterbewußtsein, daß Sie nicht nur Ihre Träume behalten, sondern auch zur gewünschten Zeit von selbst erwachen.

Was fühlt mein Körper?

Beim Aufwachen empfiehlt es sich, vorsichtig Gefühlen nachzuspüren, die dem Zwischenreich von Traum und Wirklichkeit entstammen. Spüren Sie vorsichtig nach, wo und wie Sie den Traum in Ihrem Körper spüren. Bleiben Sie ein bis zwei Minuten vollkommen ruhig liegen, und nehmen Sie Ihren Körper bewußt wahr. In welcher Position erwachen Sie? Auf dem Rücken oder Bauch oder auf der Seite? Wo befinden sich Ihre Arme? Sind Ihre Beine verschränkt oder ausgestreckt? Was fällt Ihnen dabei auf? Ihr(e) Bettnachbar(in) mag Ihnen vielleicht erzählen, wie Sie aufwachen. Es sieht so aus, als ob Gesichtsausdruck, Reflexe und Bewegungen denen ähneln, die wir zum ersten Mal bei unserer Geburt zeigten.

Welche Gefühle beobachte ich?

Notieren Sie Ihre Gefühle, die Ihnen beim Aufwachen zuerst auffallen; sie kommen fast immer aus einem Traum. Spüren Sie Ängstlichkeit, Beklemmung oder eine unbeschwerte Freude? Fühlen Sie sich beunruhigt oder friedvoll? Wie lange halten diese ersten Gefühle an, und welche kommen danach? In der gewohnheitsmäßigen Verleugnung unserer Gefühle bedarf es der Übung nachzuspüren, was man wirklich fühlt, wenn man nicht gerade himmelhoch jauchzend oder zu Tode betrübt ist. Mit den Gefühlen verhält es sich so wie mit den Farben: Es gibt drei Grundtöne und dazu Hunderte von Schattierungen. Die Gefühle beeinflussen die Stimmung des Tages, die, wenn sie Ihnen nicht gefällt, durch willkommenere Gedanken in die gewünschte Richtung gelenkt werden kann. Das ist sogar die Voraussetzung dafür, Ihre Realität Ihren Vorstellungen entsprechend zu gestalten. Gefühle und Stimmung schaffen Ihre Realität und nicht die Realität Ihre Gefühle.

Die Gefühle, mit denen sie aufwachen, entstammen einem Traum.

Welche Gedanken steigen auf?

Beobachten Sie nun, welche Gedanken als erste aufsteigen, ohne sich im Nachdenken zu verlieren. Schreiben Sie auf, was als erstes beim Aufwachen auftaucht. Denken Sie nicht nach vorne, sondern an den Traum, der hinter Ihnen liegt. Eine Minute mag schon ausreichend sein, denn beim Aufwachen wollen Sie sich vor allem Ihren Gefühlen und Ihren Träumen widmen.

Patente

***P**ersönliche **A**ffirmationen, **t**ägliche **E**rfahrungen und Ihre **N**otizen vom **T**raum und **E**rwachen*

Diese praktischen Übungen, kurz *Patente* genannt, bilden den Abschluß eines jeden Kapitels. Mit ihnen können Sie das Gelernte festigen und vertiefen, damit die Erkenntnisse aus der Traumarbeit Ihren Alltag bereichern. Die meisten Übungen können Sie nebenbei in Ihren Tagesablauf einplanen. Sie gelten auch als Anregungen für die Kreation Ihrer eigenen *Patente*.

Erschaffen Sie Ihre eigene Realität.

Die *persönliche Affirmation* ist eine starke positive Überzeugung. In Ihrem Unbewußten wartet sie darauf, von Ihnen zum Leben erweckt zu werden, denn in Ihnen schläft die vollkommene Schöpfung. Aus ihrer Unendlichkeit kreieren Sie Ihre Wirklichkeit, der es an Reichtum und Fülle nicht zu fehlen braucht. Mit einer mehrmals am Tag ausgesprochenen Affirmation erwecken Sie das Gewünschte zum Leben und machen es sichtbar.

Auch die *täglichen Erfahrungen* umfassen Aktivitäten, die die Erfahrungen der Nacht mit denen des Tages verbinden. Denn wie beim Erlernen einer Sprache geht es vor allen Dingen darum, das Gelernte auszuprobieren und praktisch umzusetzen. Sie schärfen damit Ihre Aufmerksamkeit, sensibilisieren Ihre Beobachtungsgabe und stimulieren Ihre Intuition, so daß Ihr Wunsch nach Selbsterkenntnis und einem erfüllten Leben unwiderstehlich wird.

Der freie Platz ist für Ihre *Notizen vom Traum und Erwachen* gedacht. Die hinzugefügten Kommentare gelten als Anregung. Bleiben Sie spontan. Trachten Sie danach, voranzukommen. Konzentrieren Sie sich in Ihren Kommentaren auf Lösungen, denn in jedem Problem ist die Antwort bereits enthalten.

Traumerkenntnis führt zu Selbständigkeit.

Beim Aufschreiben markieren Sie wie von selbst die Schritte, die zu Ihrer Selbständigkeit und Autonomie führen. Zum Schluß haben Sie ein sehr interessantes Bild über Ihre innere und äußere Entwicklung. Nehmen Sie die Verantwortung für Ihr Leben an. Das kann ein sofortiger Entschluß sein. Indem Ihre innere Kraft und Autorität wachsen, werden die äußeren Einflüsse abnehmen.

Beginnen wir mit den ersten Übungen, die sich nicht nur auf die ersten Traumnächte beziehen, sondern im Laufe Ihrer Traumkarriere immer wieder belebt werden können.

Persönliche Affirmation

Ich glaube an die positive Kraft der Träume

Wenn Sie diese Affirmationen oft wiederholen, schaffen Sie aus diesem Gedankenprozeß eine Realität. Sie können diesen kurzen Satz und die anderen, die noch kommen werden, auf hübsche Kärtchen schreiben, die Sie mit sich herumtragen oder an dem Spiegel im Badezimmer oder an dem Kühlschrank in der Küche befestigen, um sich an die Überzeugung, die Ihnen zusagt, zu erinnern. Beim Hingucken werden Sie oft merken, wie sich Ihre Energie hebt, die wie ein sanfter Strom durch Ihren Körper fließt. Während des Tages können Sie eine tief empfundene Überzeugung immer mehr reifen lassen; ja, in der Tat, ich glaube an die positive Kraft der Träume.

Tägliche Erfahrungen

Wie bereite ich meinen Träumen einen würdigen Empfang?

Äußerlich und innerlich können Sie sich auf Ihre Träume vorbereiten, denn, was Sie tagsüber beschäftigt, tragen Sie in Ihre Träume hinein. Die Tagesereignisse bilden den Hintergrund Ihrer Träume, und die Träume existieren an der Peripherie Ihres Wachbewußtseins. Beide sind damit beschäftigt, absorbierte Eindrücke zu verarbeiten und Lösungen zuzuführen. Tagsüber können Sie ausprobieren, wie Sie das, was Sie in der Nacht empfangen haben, umsetzen. Beobachten Sie, was Sie denken, fühlen und tun.

Notizen vom Traum und Erwachen

Für welche Lebenssituationen erwarte ich von meinen Träumen Hilfe und Rat?

Ordnen Sie diese Liste in der Reihenfolge ihrer Dringlichkeit, und fügen Sie Ihre eigenen Prioritäten hinzu.

Gesundheit · Familiäre Situation · Freundschaftliche und partnerschaftliche Beziehungen · Wirtschaftliche Lage, finanzielle Situation · Berufliche Entwicklung (Arbeitsplatz) · Wissenschaftliche Untersuchungen · Geschäftliche Projekte · Kreative Talente · Ängste · Liebe und Sexualität · Emotionale Bedürfnisse · Spirituelle Erfahrungen · Freizeitgestaltung · Kurzfristige und langfristige Ziele

Wie erinnere ich mich an meine Träume?

Erstaunlicherweise spukt die Märe von der Bedeutungslosigkeit der Träume in den Köpfen vieler ahnungsloser Schläfer, die ihr Traumpotential noch nicht entdeckt haben. Solange man sich nicht für seine Träume interessiert, bleiben sie ein Rätsel und fristen ein Aschenputtel-Dasein. Manche Menschen behaupten sogar, daß sie überhaupt nicht träumen, oder fragen sich, was ihnen die Beschäftigung damit bringen möge, da sie doch sonst so „vernünftig" sind. Andere kennen das vage Gefühl, geträumt zu haben, so wie es Julia vorhin beschrieben hat, ohne zu wissen, wie sie den Schleier der Traumgeheimnisse zu lüften vermögen.
Unerfahrene Träumer können sich aus der oft merkwürdigen Symbolik, wie z.B. die Verwandlung eines Tieres in einen Menschen oder die Erscheinung eines längst verstorbenen Angehörigen, keinen Reim machen und lehnen deshalb die nächtlichen Eindrücke als Hirngespinste ab. Sobald sie aber die Symbole in ihren Träumen ernst nehmen, entwickeln sie eine sinnvolle Beziehung zu ihnen und öffnen sich ihrem Verständnis.

Wieviel Traumstunden gehören mir?

Träumen ist zur Erhaltung Ihrer Gesundheit wesentlich.

Die Träume sind da, reichlich sogar und für die Erhaltung der Gesundheit von Körper, Geist und Seele wesentlich. Sie warten nur darauf, beachtet zu werden, warum wären sie sonst gekommen? Der Traum ist ein alternativer Bewußtseinszustand, den alle Menschen jede Nacht erleben. Die Träume tauchen in einem Rhythmus von neunzig Minuten auf, das sind drei bis fünf Traumepisoden in einer Nacht, die zwanzig Prozent Ihres Schlafpensums ausmachen. Das bedeutet eineinhalb Stunden Traumproduktion. Die Traumphasen werden im Laufe der Nacht länger, und bisweilen wachen Sie in einer solchen Phase auf. Erfahrungsgemäß sind es die letzten Minuten vor dem Erwachen aus einem leichten Schlaf, in denen Sie sich an Ihre Träume am besten erinnern. Ferien, freie Wochenenden und ein erholsamer Mittagsschlaf sind für die Traumentdeckung ganz besonders ertragreiche Zeiten.

Die Zusammenarbeit von Herz und Verstand

Erinnern ist die Fähigkeit zu sehen, was objektiv nicht greifbar ist. Herz und Verstand sind gefragt, wenn Sie sich an Ihre Träume erinnern wollen. Man kann nämlich nur das im Gedächtnis behalten, was intellektuell und emotional absorbiert wurde. Dabei werden beide Gehirnhälften aktiviert. Die linke Seite befaßt sich mit logisch rationalen und die rechte mit kreativ emotionalen Aspekten. Indem Sie ein Bild ansehen, sich damit geistig auseinandersetzen und es gefühlsmäßig erfahren, speichert sich das Wahrgenommene in Ihrem Gehirn, das wie ein sensitiver Spiegel Ihre Gedanken reflektiert.

Erinnern ist die Fähigkeit zu sehen, was objektiv nicht greifbar ist.

Die Geburt eines Traumes

Beim Wachwerden kehren wir aus einer vierdimensionalen Welt in die Realität unserer dreidimensionalen Existenz zurück. Auf dieser grobstofflichen Bewußtseinsebene kann die feine Struktur des Traumgebildes für ca. zehn Minuten überleben, denn dann sind Unbewußtes und Bewußtes noch mit einer imaginären Nabelschnur verbunden. Der Akt des Erinnern und des Aufschreibens trennt den Traum vom Unbewußten und rettet ihn in die Wirklichkeit: Ein Traum erblickt das Licht der Welt. Das Licht von der Finsternis zu trennen ist auch eine Metapher für die Bewußtwerdung des Menschen, die uns immer wieder beschäftigen wird.

Was geschieht mit den vergessenen Träumen?

Die übrigen Traumgebilde, die nicht vom Unbewußten getrennt wurden, gehen wieder dorthin zurück, woher sie kamen, in den Fluß des Vergessens. Traumfragmente entziehen sich schnell unserem Verständnis, und ein märchenhafter Traum, mit dem wir noch Sekunden vorher total verschmolzen waren, entschwindet unseren „Fängen". Träume aus der Nachtmitte, die der Tiefe einer Schatztruhe entstiegen sind, werden oft nicht lange genug mit wachem oder bewußtem „emotionalen Blick" festgehalten, um sich später an sie erinnern zu können. Ein Bild braucht knapp zwei Minuten der totalen geistigen und emotionalen Aufmerksamkeit, um haftenzubleiben.

Schulen Sie Ihr visuelles Gedächtnis

Schulen Sie Ihre Beobachtungsgabe.

Das visuelle Gedächtnis ist für die Traumerinnerung maßgeblich verantwortlich. Während des Träumens bewegen sich die Augen, und es scheint so, als ob man sich die Szenen im Traum ansieht. Um die visuelle Wahrnehmung zu verbessern, empfiehlt es sich, tagsüber die Augen sanft zu bewegen, wenn Sie die Konturen von Einzelheiten nachziehen. Achten Sie darauf, daß Sie die Bilder beim Betrachten nicht anstarren, sondern mit Nacken und Augen sanft in Bewegung bleiben. Nehmen Sie auch bewußt wahr, was sie sehen. Schulen Sie sich in der Beobachtungsgabe, ohne sich mit dem Gegenstand Ihrer Wahl zu identifizieren. Täglich fünf Minuten dieser Wahrnehmungsübungen geben Ihrem Erinnerungsvermögen neue Schärfe. „Die täglichen Erfahrungen" am Ende dieses Kapitels halten noch weitere Übungen bereit.

Widerstände an den Toren der Träume

Wenn Sie sich wirklich für Ihre Träume interessieren, Ihr Erinnerungsvermögen geschult haben aber weiterhin traumlos erwachen, ist es ratsam nachzuspüren, ob irgendwelche störrischen Barrieren an den Toren ihrer Träume Wache halten. Es geht weniger darum, sie zu beseitigen, als sie nicht zu übersehen. Sie sind nämlich die Hüter Ihrer Angst. Die Träume kommen aus einer Ihnen unbekannten Welt, und einigen Menschen macht das Unbekannte etwas Angst.

Häufig spricht ein Ereignis am Tag einen Konfliktbereich an, der nachts zum zentralen Thema wird. Dabei könnten Sie befürchten, daß die Träume Wahrheiten enthüllen, von denen Sie überzeugt sind, daß Sie schrecklich peinlich und beschämend sind; auch wenn Sie inzwischen Ihre Meinung über die damit verbundenen historischen Ereignisse geändert haben. Sie werden aber immer nur soviel im Traum erfahren, wie Sie ertragen können. Stellen Sie sich deshalb mutig den Angstträumen; wenn es zu schlimm wird, wachen Sie sowieso auf, und dank Ihres Traummaterials können Sie mit fachmännischer Hilfe Ihre Konflikte bearbeiten und sich so von Ihren Nöten befreien. Die Träume verflüchtigen sich jedoch weniger wegen ihres negativen Inhalts als wegen des dürftig geübten Erinnerungsvermögens und der „vergessenen“ Emotionen, oder weil man bewußt an bestimmte Dinge nicht erinnert werden möchte.

Aus ähnlichem Holz geschnitzt wie die ängstlichen, sind die überaus korrekten Menschen, die Unangenehmes vermeiden, selbstbeherrscht und konformistisch sind und ihre Gefühle und Sorgen zurückhalten. Sie sind weniger bereit, sich zu öffnen. In dieser Strenge wollen alle Situationen kontrolliert werden – erst recht die Traumproduktion. Auch wenn man das Gefühl hat, den Boden unter den Füßen zu verlieren, versucht man am Entfliehenden Halt zu finden. Im willentlichen Festhalten haben die Träume den Eindruck, als ob sie Zollschranken passieren müßten, so daß sie schnurstracks wieder in ihre Heimat eilen. Sobald der Träumer eine lockere, gelassene und gelöste Haltung einnimmt, kommen seine Träume von selbst wieder zurück. Vertrauen Sie einfach darauf, daß sich die Träume einstellen werden.

Vertrauen Sie darauf, daß sich Ihre Träume einstellen werden.

Frauen und Männer, die sich deprimiert fühlen und ihr Interesse an sich und ihrer Umwelt verloren haben, neigen entweder zu kürzeren Träumen oder Alpträumen. Manche fühlen sich aber – im Gegensatz zum Wachleben – in ihren Träumen sogar zufrieden und glücklich. Die Kompensationsfähigkeit der Traumkraft ist hier um einen seelischen Ausgleich bemüht.

Diejenigen, die unter einer Psychose leiden, tun gut daran, ihr Traumleben nicht unnötigerweise zu aktivieren. Die uferlosen Phantasien des Unbewußten, die das Tagesbewußtsein überschwemmt haben, verlangen nach konkreten, vorzugsweise körperlichen Beschäftigungen, um den überschüssigen psychischen Energien Form und Gestalt zu geben. Schweres Erwachen und tiefer Schlaf geben den Träumen wenig Chance, von einem aufmerksamen Bewußtsein aufgenommen zu werden. Schlaftabletten, Alkohol, Drogen, ausgedehnte Fernsehsitzungen, Überarbeitung und Erschöpfung, aber auch eine forcierte Willensanstrengung haben die Kanäle für die Traumerinnerungen mit Chemie und mentalem Ballast blockiert. Aber Kranke und Verzweifelte, die nach Auswegen suchen, werden auch ungefragt von ihrer Traumweisheit überrascht, ohne daß sie viel von der Träumerei verstehen müssen.

Was fördert meine Traumerinnerung?

Klarheit und Bewußtheit am Tag fördern die Traumerinnerung.

Aktive Aufmerksamkeit, Klarheit und Bewußtheit am Tag ist der Spiegel, in dem die Nacht ihr Traumgesicht wiederfindet. Außerdem bleiben der feste Entschluß, die Träume mit Begeisterung in den Tagesablauf des täglichen Leben zu integrieren und Traumlücken mit neuem Engagement zu überbrücken, nicht ohne Wirkung. Mit der Zeit werden Sie spüren, daß Sie durch die Traumarbeit schöpferischer und empfindsamer werden. Sie entwickeln eine willkommene Bereitschaft, die Seltsamkeit Ihrer Traumsymbole als natürliche Bestandteile Ihres Lebens zu akzeptieren, so daß Sie sich allmählich fast mühelos an sie erinnern. Emotional intensive und spontane Menschen, die in ihrer neugierigen Lebendigkeit auffallen, freuen sich über ihren unentwegten Traumsegen, der als Wegweiser zum Mitgestalter des Lebens wird. Wenn man sein Trauminteresse auf entsprechende Sendungen im Radio und Fernsehen, Bücher, Vorträge oder Traumgruppen ausdehnt, fallen die Träume wie reiche

Früchte in ein frisch gemachtes Bett und brauchen nur noch aufgelesen und gedeutet zu werden.
Vielleicht erfreuen Sie sich aber eines ganz natürlichen Talentes, Ihre Träume zu behalten, ohne daß Sie sich in dieser Aufzählung günstiger Attribute wiederfinden. Wenn Ihnen auch das nicht beschieden ist, so fangen Sie einfach ganz von vorn an, und überzeugen Sie Ihr Gedächtnis, daß Sie alle Ihre Träume willkommen heißen. Und erinnern Sie sich daran, das zu tun.

Persönliche Affirmation

Ich erinnere mich an meine Träume

Tägliche Erfahrungen

Wie schule ich Achtsamkeit und Konzentration?

Schärfen Sie Ihre fünf Sinne, Sehen, Hören, Empfinden, Schmecken und Riechen. Beginnen Sie mit den Augen. Betrachten Sie zuerst Ihre Umgebung, achten Sie auf Einzelheiten. Dann hören Sie auf Geräusche und verbinden sie mit ihren Quellen. Nehmen Sie nun Ihren Körper wahr. Wo empfinden Sie Wärme, Kälte, Druckstellen, Anspannung, Taubheit oder Kribbeln? Welchen Geschmack haben Sie im Mund, was riechen Sie? Bringen Sie nun alle Wahrnehmungen zusammen. Bei einer guten Konzentration erreichen Sie einen Höhepunkt, wo Sie sich klar und erfrischend wach fühlen. Entspannen Sie sich und wiederholen Sie die Übung mehrere Male am Tag, zum Beispiel auch, wenn Sie in einer Schlange auf einen Zug oder ein Flugzeug warten.

Notizen vom Traum und Erwachen

Mit welchen Blockaden verdränge ich meine Träume?

Schreiben Sie einfach auf, was Ihnen dazu einfällt, ohne sich zu verurteilen oder zu bemitleiden. Machen Sie Feststellungen, und entscheiden Sie, welche Blockaden Ihrer Traumarbeit im Weg stehen. Trennen Sie sich von ihnen. Dank Ihrer Ehrlichkeit kommen Sie Ihren geheimen Saboteuren auf die Schliche.
Versuchen Sie herauszufinden, welche Gefühle mit welchen Gedanken verbunden sind. Machen Sie eine Aufstellung, und forschen Sie nach, aus welchen Erfahrungen oder Einstellungen diese Gefühle stammen. Hier sind ein paar Beispiele:

Hausarbeit	Ich fühle mich belastet – Ich freue mich, Ordnung zu machen.
Einladung annehmen	Ich fühle mich gelangweilt – Ich bin begeistert.
Arbeitsplatz	Ich fühle mich überfordert – Ich fühle meine Kreativität.

____

____

____

____

____

Träume, wie kann ich euch verstehen?

Die aufgezeichneten Erinnerungen Ihrer Träume werden wenig fruchten, wenn sie der Deutung verschlossen und ihre Botschaften unverstanden bleiben. Schritt für Schritt werden wir uns deshalb den Gemächern der Träume nähern, um uns mit ihren Ausstattungen bekannt zu machen. Vielleicht haben Sie die ersten Traumfragmente schon aufschreiben können, die darauf warten, in Ihr Leben zu treten. Manche Traumkanditaten wurden sogar unerwartet schnell mit einem längeren Traum überrascht und kamen, als sie darüber berichteten, aus dem Staunen nicht heraus.

Wie entschlüsseln Sie nun Ihre Traumerinnerungen, und wie öffnen sie sich Ihrem Verständnis? Es liegt in der Natur der Träume, die aus der Nacht des Unbewußten kommen, daß sie Ihnen auf den ersten Blick fremd erscheinen, da sie in einer Symbolsprache abgefaßt sind. Es ist das Ziel dieses Lehrbuches, daß Sie Ihre Träume für das Tagesbewußtsein in eine ihm verständliche Sprache übersetzen lernen. Da die Traumsymbole die komplexen Gefühlskonstellationen Ihrer gemachten Erfahrungen und latent vorhandene psychische Energien beinhalten, können sie nur über Ihre Gefühle begriffen werden. Das Symbol, eine lebendige psychische Gestalt, wird sogar zur heilenden Funktion, sobald es gefühlsmäßig erfahren wird.

Ein Traumsymbol ist eine lebendige psychische Gestalt.

Mit welchen symbolischen Traumbildern werden Ihre Erfahrungen nun ausgedrückt? Sie erinnern sich, daß jeder Gedanke oder jedes Ereignis mit einem entsprechenden Gefühl verknüpft ist. Wenn Sie zum Beispiel einen Ort – in Gedanken oder in der Realität – besuchen, an dem Sie schon einmal gelebt haben, werden unmittelbar entsprechende Gefühle aufsteigen, die mit den Ereignissen, die Sie an diesem Ort erlebt haben, zu tun haben. Häufig ist es nur ein einziges, ganz bestimmtes Gefühl, das eine konzentrierte Wahrheit ausspricht. Das Ereignis ist dabei weniger wichtig als das, was davon gefühlsmäßig haften geblieben ist.

Jedes Traumsymbol ist der Ausdruck einer bildhaften Gefühlsempfindung.

Hier ist eine kleine Übung, die Ihnen hilft, Ihre Traumsymbole auf Ihre emotionale Assoziation hin zu untersuchen. Unter Ihrem schriftlich festgehaltenen Traumtext, auch wenn es nur wenige Eindrücke sind, teilen Sie Ihre Blattseite in zwei Hälften ein. Nehmen Sie ein Symbol aus Ihrem Traum, z.B. einen Ort, ein Objekt oder eine Person, und schreiben Sie auf die linke Seite, was wörtlich darunter zu verstehen ist. Danach stellen Sie sich mit geschlossenen Augen das jeweilige Symbol vor und schreiben ein Wort auf, das Ihnen spontan dazu einfällt.
Diese „Einfälle“ drücken gefühlsmäßig bzw. symbolisch das aus, was Sie mit diesem Traumsymbol schon einmal erfahren haben, bzw. was als grundsätzliche psychische Energie in Ihnen lebt. Nehmen wir einmal an, Sie haben von einer schneebedeckten Landschaft geträumt, unter der wir in unserem Klima die Jahreszeit des Winters verstehen. Jeder von uns hat dazu eine andere Assoziation; die schlafende Natur könnte für den einen Kälte oder Einsamkeit, für den anderen die lang ersehnte Stille und Ruhe oder fröhliche Ferien bedeuten.

Schneebedeckte Landschaft

Wörtliche Bedeutung:	*Individuelle Assoziation:*
Winter	Kälte, Einsamkeit oder Stille, Ruhe oder Freude

Hier ist noch ein weiteres Beispiel, das wir bereits etwas ausdehnen. An einem Granatapfel wollen wir sehen, welche unterschiedlichen „Einfälle“ dazu auftauchen.
Der Granatapfel ist, objektiv betrachtet, die Frucht eines Baumes, die viele Mineralstoffe und Vitamine enthält. Vielleicht haben Sie auch davon gehört, daß er im Altertum als der Baum der Erkenntnis oder als Lebensbaum bekannt war. Bei der Assoziation fällt manchen vielleicht spontan das Wort Versuchung oder Hunger ein. Jemand anderes denkt unter Umständen dabei an den Wein, den er besser meiden

sollte. Sein Erscheinen könnte Sie auch auf Kalzium- oder Eisenmangel aufmerksam machen. Oder vielleicht stolpert jemand am nächsten Tag über einen solchen Apfel, der dann als Hindernis zu verstehen ist, und im Hinblick auf die spezifische Wahl des Symbols Aufschluß darüber gibt, um welchen „Stolperstein" es sich tatsächlich handelt. Das Symbol möchte Ihnen immer etwas ganz Besonderes sagen, das nur für Sie bestimmt ist und auf eine Situation aufmerksam macht, mit der Sie zur Zeit zu tun haben.

Die Traumsymbole möchten Ihnen etwas ganz Besonderes sagen.

Granatapfel

Wörtliche Bedeutung:	*Individuelle Assoziation:*
Baumfrucht	Ernte
eßbar, herb-süß	Hunger
rubinrote Kerne	Wein
viele Mineralien	Gesundheit
	Durst
Angeblich der Paradiesbaum von Adam und Eva	Versuchung
Liebesgöttin (Aphrodite) geweiht	Liebe

Arbeiten Sie mit Ihren spontanen Einfällen, die unbewußt daran anknüpfen, was Sie schon einmal gelernt oder irgendwo aufgegriffen haben, oder was jetzt in Erscheinung treten möchte. Auch können Sie ein Symbol vertiefen, indem Sie Ihre Einfälle dazu sammeln. Bleiben Sie dabei dicht an dem gewählten Symbol. Ideen, die dazu auftauchen, oder Wörter, die Ihnen dabei auffallen, können für Sie sehr wichtig sein, auch wenn sie für andere ohne Bedeutung sind.

Traumfragmente, aus denen ein Traum erwächst

Versuchen wir nun, ein paar Traumfragmente zusammenzusetzen. Das Beispiel von Ulrich zeigt uns, wie das geht.

Ulrich erwacht auf einem Marktplatz. Er erinnert sich daran, eine Eiche gesehen zu haben. Dann befindet er sich auf einer Straße. Allmählich entsteht eine Szene, die eine ganze Geschichte erzählt. Wenn Sie den Zipfel Ihres Traumes erhaschen, können Sie manchmal den ganzen Traum daran herausziehen.

Lassen Sie uns sehen, was Ulrich als nächstes macht.

Gleich nach dem Wachwerden hält er in Stichpunkten die Höhepunkte seines Traumes fest, ehe der erinnerte Inhalt in den Fluß des Vergessens sinkt.

Er schreibt: Marktplatz, Eiche, Straße oder Sackgasse, Bank, fehlende Äste, Autobahn, zurückschneiden, hoffnungsvolle Stimmung.

Danach kümmert er sich um die Einzelheiten. Er notiert: Alter Marktplatz, große Eiche mit Blättern, nicht sehr üppig, graue Erde, nicht bewachsen, vielleicht Asphalt, links gestutzte Äste, zwei Äste, wie abgesägt, Kreis um Eiche, rechts vom Baum führt Weg auf Autostraße, leichter Anstieg.

Zügig gezeichnete Skizzen verdeutlichen die Traumszene.

Zügig zeichnet er noch eine Skizze dazu, die besonders beim Nachlesen den Großteil des Traumes direkt ins Gedächtnis ruft. Oft kommen dabei noch ein paar Einzelheiten hinzu, die den Traum verständlicher machen. Darüber hinaus ist Malen ein Akt der psychischen Befreiung, Unaussprechliches bekommt eine Gestalt, und Ängstliches und Bedrohliches werden in ein Bild gebannt.

Jetzt setzt Ulrich die Traumfragmente zusammen. Manche Träumer bevorzugen es, den Traum erst morgens in seiner ganzen Länge schriftlich festzuhalten, vor allem wenn sie im Laufe der Zeit merken, daß sie derart den Traum noch vollständig wiedergeben können. Merkwürdigerweise hat man ein gutes Gespür dafür, ob man alles oder nur Teile des Traumes aufs Papier gerettet hat. Wenn Traumstücke verloren gegangen sind, „weiß“ man irgendwie, daß „da doch noch etwas war“.

Hier sind nun Ulrichs zusammengesetzte Fragmente:

3. März 1998

Mein Lebensbaum

Ich komme auf einen alten Marktplatz, auf dem in der Mitte eine große alte Eiche steht. Die Eiche hat, glaube ich, Blätter, aber zwei große Äste scheinen auf der linken Seite des Baumes abgeschnitten zu sein, was mich erschrickt. Aber dann entsteht in mir ein Gefühl von Akzeptanz, das mit den gestutzten Ästen zusammenhängt. Um den Baumstamm befindet sich ein großer Kreis, der eine Bank sein könnte, aber keine ist. In der Fortsetzung wird sie zu einer asphaltierten Straße, die nach rechts in eine neue Richtung führt.
Gefühle beim Aufwachen: Zuerst bin ich erschrocken, dann fühle ich eine Erleichterung oder Hoffnung.

Ulrich erinnert sich, gelesen zu haben, daß die Eiche ein uralter Baum ist, dem weissagende Kräfte zugeschrieben wurden. Zu Ehren der Götter gab es heilige Eichenhaine und Kultstätten.
Ulrich glaubt nicht an Götter und auch nicht daran, daß die Eiche in seinem Traum – oder irgendeine andere – mit einer Prophezeiung auf ihn wartet. Aber ihm leuchtet ein, daß die Eiche ein Symbol seiner inneren Stärke oder Lebenskraft sein könnte. Die zwei abgeschnittenen Äste erinnern ihn an zwei herbe Verluste. Der Traum zeigt ihm aber auch, daß der Weg – sein Lebensweg – in eine andere Richtung, ja sogar auf einer festen Straße, wenn auch erst mal bergan, weiterführt. Die Bank, die er anfänglich vermutet, hat sich nicht materialisiert; ein Hinweis darauf, daß es jetzt nicht an der Zeit ist, im Schatten des Baumes auszuruhen, sondern weiterzuziehen.

Aus Traumfragmenten kann ein ganzer Traum entstehen.

Es ist wichtig zu lernen, mit Traumfragmenten umzugehen, da Sie immer wieder mit ihnen zu tun haben werden. Da der letzte Teil eines Traumes meist zuerst erinnert wird und Sie mit einem solchen Fragment wach werden, ist zu erwarten, daß Ihnen im Zurückerinnern der Traum gegenwärtig wird. Um sich darin zu üben, können Sie Ihren Tagesablauf vom Zeitpunkt des Schlafengehens bis zum Aufstehen zurückverfolgen und aufschreiben; Stichpunkte genügen. Ein einziges Fragment aus einem vergessenen Traum kann mehr Auskunft geben, als sich auf den ersten Blick vermuten läßt, besonders dann, wenn man ihm Bedeutung beimißt.

Ein Symbol enthüllt mehr, als man zu ahnen vermag

Jede kleinste Einzelheit gehört zum Ganzen.

Das folgende Beispiel möchte Ihnen zeigen, wie Sie in der Beharrlichkeit des Erkunden findig werden. Beim Zusammensetzen Ihrer Traumfragmente werden Sie bald die Erfahrung machen, daß jede kleinste Einzelheit zum Ganzen gehört, ja, sogar noch wichtiger ist als das Ganze selbst. Es ist so und nicht anders; es gibt dabei keine Kompromisse, alles stimmt.

Susanne gehört zu den Träumerinnen, die „nichts behalten". Eines Morgens schwante ihr nur etwas von einem Topf. Der Bitte folgend, sich näher damit zu befassen, ließ sie fortwährend neue Dinge „gebären", so als ob sie ein Puzzle zusammensetzte. Aus den Fragen und Antworten ist dann „Die dunkelgrüne Hängepflanze" entstanden, in die wir alle Details, derer wir habhaft werden konnten, eingepflanzt haben.

Susanne, die mit der Entwicklung einer Beziehung beschäftigt ist, erwacht also mit folgendem Traumfragment, dessen Motiv sie abschließend mit diesem Titel schmückt:

20.2.1998

Die dunkelgrüne Hängepflanze

Beim Aufwachen erinnert sich Susanne an verschiedene Bildfragmente, vielleicht geht es dabei um einen Topf. Auf einmal fällt ihr eine grüne Hängepflanze ein, und dann erinnert sie sich an eine kräftige, dunkelgrüne Farbe; dabei geraten die anderen Dinge aber in Vergessenheit. Die Pflanze scheint in der rechten Ecke ihres Zimmers, oberhalb ihres Kopfes, zu hängen, wenn sie dort stehen würde. Sie hat aber den Eindruck, daß sie selbst irgendwo liegt, etwas träge, auf der rechten Seite, vielleicht in ihrem Bett, und von unten nach schräg oben auf die Pflanze blickt, die von anderen Dingen etwas verhängt zu sein scheint. Der Blumentopf ist aus weißem Plastik, nicht besonders groß. Auffallend ist das kräftige Blattgrün der Pflanze, das den Eindruck macht, als ob es stetig nach unten, zum Bett hin, wachsen würde.

Beim Aufwachen merkt Susanne ärgerlich, wie lästig es ihr ist, etwas aufschreiben zu müssen. Ein Umstand, den Sie, ohne sich deswegen anzuklagen zu wollen, bestimmt auch kennen. Eine innere Gegenkraft sabotiert vielleicht Ihren Wunsch, Ihre Träume zu behalten. Oder Sie sind tagsüber so gefordert, daß Sie in Ihrer Ruhezeit keine Lust mehr haben, wieder etwas „zu tun". Rückblickend fällt Susanne auf, daß sie zuviel arbeitet, sich zu wenig erholt, selten an der frischen Luft ist und ihren Kopf mehr entlasten müßte, Umstände, die dem Traumerinnern im Wege stehen. Im Laufe des Tages kehrt Susanne immer wieder zu der Hängepflanze zurück und versucht, damit persönliche Empfindungen zu verknüpfen.

Welche Gefühle und Gedanken fallen Ihnen zu Ihren Symbolen ein?

Wörtliche Bedeutung	*Individuelle Assoziation*
Blattpflanze (Gewächs)	Erfrischung
Blumentopf (Gefäß)	Festhalten, Geborgenheit
Bett (Schlafstätte)	Ausruhen
Plastik (Kunststoff)	praktisch
Zimmer (Raum)	gehört mir
Ecke (Winkel im Raum)	weggedrängt
grüne Farbe	Hoffnung, Beständigkeit

Nun verbindet Susanne die persönlichen Assoziationen mit zusätzlichen Gedanken. Sie schreibt eine kurze Zusammenfassung dazu. Beim Schreiben entstehen wieder neu Empfindungen, die sie erkennen lassen, daß die neue Beziehung, die sie sich wünscht, erfrischend sein könnte. Ihr fällt dazu ein elementares Bedürfnis nach Geborgenheit ein, das sie bislang verdrängt hatte. Aus den Kräften ihres inneren Seins kann sie sich nun selbst darum kümmern, ohne die Dienste anderer dafür zu fordern. Bei der Entwicklung einer neuen Beziehung sollte sie nicht vergessen, daß man nichts festhalten kann, da das ganze Leben aus Bewegung und Loslassen besteht.

Ein Traum – der Gegenwart, Vergangenheit und Zukunft verbindet

Der kommende Traum ist noch kürzer als der vorangegangene und befaßt sich im wesentlichen nur mit drei Symbolen, und zwar Ameisen, Kopf und Haar. Er wird ausführlich kommentiert, um zu zeigen, wie der Traum eine Verbindung von verschiedenen Elementen, Zeiten und Erlebnissen ist, aber um ein ganz bestimmtes Thema kreist. Weiterhin werden Sie merken, wie hilfreich es ist, die gegenwärtigen Lebensumstände bzw. die Probleme, in denen man zur Zeit steckt, bei der Deutung zu berücksichtigen. Gefühle und Gedanken vor dem Schlafengehen, deren Thema, wie Sie bereits wissen, man auch selbst bestimmen kann, produzieren oft Träume, die oft schon in der gleichen Nacht eine Antwort auf die gestellte Frage anbieten oder auf zu erwartende Ereignisse aufmerksam machen. In der Auseinandersetzung mit den Träumen, ihrer Vorgeschichte und den Auswirkungen kommt man allmählich zu der Erkenntnis, daß es weder Vergangenheit, Gegenwart noch Zukunft gibt. Es gibt lediglich einen einzigen Moment, der sich in seiner Tiefe ausdehnt, wenn man sich total auf die Gegenwart konzentriert. Zeit existiert an sich nicht; sie ist eine subjektive Empfindung, die nur der Orientierung dient.

Die Gegenwart ist der wichtigste Moment.

Da die Träume einmalig und höchst individuell sind, ist es sehr unwahrscheinlich, daß Sie die folgende Geschichte auch träumen werden. Es empfiehlt sich aber den darin enthaltenen Symbolen, und vor allen Dingen Ihren eigenen, auf die Sprünge zu helfen, indem Sie erforschen, was man wörtlich darunter versteht und welche subjektive Erfahrungen Sie persönlich damit gemacht haben. Krokodile, Kraken oder Kröten werden bei jedem verschiedene Empfindungen

auslösen, was der eine ganz niedlich oder wissenschaftlich phänomenal findet, mag dem anderen ein Greuel sein. Was Sie allerdings denken, fühlen, empfinden und intuitiv ahnen, ist von entscheidender Bedeutung. Deshalb sind die Traumlexika, die eine Ansammlung von allgemeinen Symboldeutungen anbieten, oft wenig nützlich. Viel wichtiger ist Ihre Beschäftigung mit Ihrem Symbol.
In der Diskussion über den anschließenden Traum werden Sie auch lernen können, wie Sie Ihre Träume auseinandernehmen und wieder zusammensetzen können. Bei diesem Prozeß vertiefen Sie sich in die Sprache des Traumes. Sie werden wachsam für das, was er Ihnen sagen möchte, welche Stellung er zu den Ereignissen in Ihrem Leben bezieht, und wie Sie eine neue authentische Sicht über sich selbst entwickeln können. Diese mag des öfteren Ihren Einstellungen und Überzeugungen widersprechen, doch im Laufe der Zeit kommen Sie nicht umhin festzustellen, wer die Wahrheit spricht.

Beim Einschlafen

Isabell schläft mit ängstlichen Gefühlen ein, da sie am nächsten Tag die Vertretung einer Klasse des 2. Schuljahres übernehmen muß. Nachts hat sie den folgenden Traum:

Mit welchen Gefühlen schlafen Sie ein?

20.01.1998

Angst, Schuld und Scham

In kurzen Abständen träume ich zweimal, wie aus meinem wirren, dicht gelockten Haar Ameisen fliegen. Ein paar Leute um mich herum fragen erstaunt, was denn plötzlich aus meinem Kopf käme. Sie betrachten aus ca. einem Meter Entfernung die Insekten genauer, die ich nun in großen Schwärmen aus dem Haar schüttele, die dann durch den Raum ziehen. Irgend etwas läßt den Kopf, besonders den Hinterkopf, heller erscheinen.
Gefühle beim Aufwachen: Ich erwache plötzlich und bin erschrocken und beschämt, daß andere sehen, was aus meinen Haaren kommt.

Progressives Geschehen

Im Laufe des Tages steht Isabell unter dem Eindruck, daß die Schuldirektorin und der Klassenlehrer respektlos mit ihr umgehen. Sie wird beim Unterrichten zweimal unerwartet unterbrochen und schließt daraus, daß in unausgesprochener Absicht ihre Lehrmethode indirekt beobachtet werden soll. Es bleibt das Gefühl zurück, daß sie das Opfer heftiger Kritik wird, obwohl sie sich sehr anstrengt, es ja „richtig zu machen".

Erinnerungen aus der Kindheit

Sie ist entrüstet über das Vorgehen, und nachmittags erinnert sie sich aufgeregt an ihre eigene Schulzeit, in der ihr Eltern und Lehrer stets im Nacken saßen, sie überforderten und ihr mit entwürdigenden Bemerkungen allen Mut nahmen und sie tief beschämt zurückließen.
Paradoxerweise hat man sie in ihrer Kindheit außerdem mit Verantwortungen und Erwartungen überfrachtet, deren Erfüllung von vornherein zum Scheitern verurteilt waren. Obwohl sie sich bis zur äußersten Erschöpfung abmühte, das Unmögliche möglich zu machen, verzweifelte sie oft an ihrer Hilflosigkeit und Ohnmacht. Leider fällten andere ihr Todesurteil früh: „Du wirst es nie schaffen!" Damit gab sie alle Ansprüche auf Liebe und Anerkennung auf.

Gefühle aus Vergangenheit und Gegenwart

Gehen Sie liebevoll, respektvoll und anerkennend mit sich um.

Die mutmaßliche Entwürdigung in ihrem gegenwärtigen Schulalltag löst alten Schmerz und unsagbare Wut aus, die sie bislang auf sich gerichtet hatte und nun an diejenigen zurückgibt, die sie damals in peinlich aussichtslose Situationen gedrängt hatten.

Wahrheit entdecken

Isabell hat die Chance, nicht mehr die Meinung anderer als ihre Wahrheit zu akzeptieren, sondern ihre eigene zu finden;

zum Beispiel, daß sie ausgesprochen talentiert und kreativ, aber auch unabhängig von diesen Eigenschaften vollkommen ist. Indem sie entdeckt, was sie ist, wird sie eine tiefe Liebe und umfassende Anerkennung zu sich selbst erwecken. Andere Menschen, die Spiegel ihrer selbst sind, werden ihr respektvoll, anerkennend und liebevoll begegnen. Außerdem wird ihre Intuition sie lehren, daß alles Wissen von innen kommt.

Realitätsprüfung

Ein paar Tage später bittet Isabell den besagten Lehrer um eine Aussprache, der über Isabells Reaktion erstaunt ist. Er erwidert, daß er ihre Lehrmethode sehr schätzt und die Direktorin bei ihrem Erscheinen nur ihre Unterstützung zeigen wollte. In diesem Augenblick erkennt Isabell, wie sie ihre schmerzlichen Gefühle auf den Lehrer und die Direktorin übertragen hatte, die Vater und Mutter und gleichzeitig die unbarmherzigen Lehrer aus ihrer Kindheit symbolisiert hatten. Nach dieser Erkenntnis fühlt sich die Träumerin leichter und freier und glaubt, daß sie ein wichtiges Kapitel aus ihrem Leben abgeschlossen hat.

Symbole

Symbole tragen die Botschaften, aber sie sind nicht das Ereignis, das sie darstellen.

Wir sehen, wie der Traum in absoluter Sparsamkeit drei wesentliche Symbole zeigt: Ameisen, Kopf, Haare analog zu Fleiß, Denken, Stärke. Das „Drama“ spielt sich in einem Raum ab, wo ein paar sitzende Leute die aus dem Kopf fliegenden Ameisen mit einer gewissen Distanz betrachten und die Schwärme unberührt an sich vorüberziehen lassen. Isabell schüttelt die Ameisen aus ihrem wirren Haar, das die verwirrten Emotionen andeutet. Die Leute, alias die beiden Lehrer, beobachten lediglich, was aus dem Kopf kommt. Sie wissen nichts von dem inneren Aufruhr, der in ihren Haaren steckt, aber einer von ihnen lernt die absurden Gedanken kennen, die Isabell aus ihrer Projektion entwickelt hat.

Ameisen sind sehr komplexe, hoch entwickelte Insekten, die in unterirdischen Kolonien ein sehr organisiertes Leben führen. Sie sind bekannt für ihre Stärke, da sie in unermüdlichem Fleiß ihre Beute, die oft größer ist als sie selbst, tragen. Nur die männlichen Tiere haben Flügel. Wir erinnern uns dabei an „geflügelte Worte" und daß der Kopf für Geist, Denken und Logik, also das Rationale, verantwortlich ist. Isabells Haare sind dicht (Kraft der Gedanken) und lockig (logisch), aber auch verworren. Wie aus dem Traum ersichtlich wird, fühlt sich die Träumerin ausgesprochen verwirrt. Der Traum endet mit der Beleuchtung – Erleuchtung – des Kopfes, besonders des Hinterkopfes, Sitz des Stammhirns und der Vergangenheit.

Neue Entscheidung

Isabell findet sich in den Ameisen wieder, die unermüdlich mehr schleppen, als sie tragen können. Sie ist entschlossen, die Ameisenkolonie hinter sich zu lassen. Der Mensch ist kein Tier. Das Thema ihrer Kindheit – das auch in ihrem Erwachsenendasein eine Rolle spielt – befreit sich nun aus dem Gefängnis der Vergangenheit und zieht in großen Schwärmen von dannen. Isabell ist selbst erstaunt, was alles aus ihrem Kopf kommt und was sich aus der intensiven Auseinandersetzung mit dem kurzen Traum ergeben hat. Sie ist froh, daß sich die Menschen um sie herum nicht angegriffen fühlen, sondern die fliegenden Ameisen einfach an sich vorbeiziehen lassen.

Jedes Traumsymbol hat eine eigene Kraft.

Zusammenfassung

Die Sprache des Traumes ist symbolisch, und durch seine Symbole kann man ihn erkennen. Gedanken und Gefühle vor dem Einschlafen laden entsprechende Träume ein, deren Gefühlsqualität beim Aufwachen spürbar ist. Viele Träume bereiten auf bestimmte Ereignisse vor, und das Traumende weist auf den Ausgang des Geschehens hin. Tagsüber kann der Traum nicht nur durch das aktuelle Geschehen, sondern auch durch Erinnerungen vertieft werden. Emotionale Heilung ist aus der Bereitschaft möglich, eine neue authentische Sicht über sich zu entwickeln, in der man Vergangenheit und Gegenwart miteinander verbindet und darüber hinausgeht, was man bislang für richtig gehalten hat.

Emotionale Heilung ist möglich, wenn man eine neue authentische Sicht über sich entwickelt.

Persönliche Affirmation

Ich spüre die heilende Energie meiner Symbole

Wählen Sie dazu ein Traumsymbol, das Sie besonders anspricht.

Tägliche Erfahrungen

Welchen Traumsymbolen begegne ich am Tag?

Versuchen Sie bewußt, eine Verbindung zwischen den nächtlichen und täglichen Symbolen herzustellen. Tagsüber können Sie Ausschau halten nach einem merkwürdigen Kostüm, das eine Ihrer Traumgestalten getragen hat. Vielleicht entdecken Sie ein Verkehrsmittel, dessen ungewöhnliche Konstruktion Ihnen im Traum erschien. Wie ähnelt die fremde Traumfigur dem Gast, der Ihnen am nächsten Tag ein Kompliment macht? Finden Sie den Anfang eines Traumgedichtes „zufällig" auf Ihrem Wandkalender?

Notizen vom Traum und Erwachen

Verbinden Sie sich emotional mit einem Symbol

Es gibt vielerlei Möglichkeiten, sich mit einem Symbol zu verbinden. Wählen Sie eines, das entweder besonders auffällig oder Ihnen bislang unverständlich geblieben ist. Wenn Sie es malen, gehen Sie großzügig mit Wasserfarben, Buntstiften oder Malkreide um. Vervollständigen Sie ein in Fragmenten aufgetauchtes Symbol oder amplifizieren (betonen oder erweitern) Sie es. Gehen Sie dabei intuitiv vor. Ihr Verstand darf passiv sein und sich einmal ausruhen. Sie können Ihrem Symbol auch einen Liebesbrief schreiben. Achten Sie darauf, welche Gefühle und Einsichten bei dieser Kommunikation auftauchen.

Sie sind Autor und Held Ihrer Träume

Mit Ihrer Bereitschaft, sich an Ihre Träume zu erinnern und sie zu deuten, sind Sie auf dem besten Weg, sich selbst und Ihre Träume besser kennenzulernen. Die ersten Traumbeispiele haben gezeigt, daß Traumsymbole lebendige Energien sind, die Gefühle in einer Bildersprache ausdrücken. Wir werden jetzt untersuchen, durch welche Einstellungen und Erwartungen Sie den Gehalt Ihrer Träume beeinflussen. Gewiß ist, daß in Ihnen eine große Weisheit lebt, die um alles weiß und sich um alles sorgt. Da Sie ein freier Mensch sind, wird Ihnen die Wahrheit nicht aufgedrängt, sondern dann geschenkt, wenn Sie sie hören wollen. Wenn Sexualität oder finanzielle Macht für Sie von großem Interesse sind, dann wird sich auch Ihr Traum mit diesen Themen befassen. Sollten Sie sich für Spiritualität und Engelwesen interessieren, so werden die Träume nicht zögern, Sie damit vertraut zu machen. Ein Komponist oder Wissenschaftler, der sich in seine Theorien vertieft, stimuliert damit seine Traumkraft, Vorschläge und Lösungen zu produzieren. Machen Sie sich klar, was Sie in diesem Leben erreichen wollen und welche Fragen Sie zur Zeit am meisten beschäftigen. Der Traum wird Ihnen zeigen, wie Sie zum Ziel kommen. Es wird Ihnen genau der Traum geschenkt, den Sie sich wünschen und den Sie brauchen. Gehen Sie deshalb achtsam mit Ihren Wünschen und Absichten um.

Das Schicksal des Menschen ist der Drang nach Ausdruck.

Der Gehalt oder die Form der Träume und ihre Symbole werden von Ihren jeweiligen Bedürfnissen bestimmt. Sie sind deshalb auch nicht schwer zu verstehen. Sie korrespondieren mit dem Verständnis, das Sie von den Dingen dieser Welt haben.

30. 11.1986

Eine geisterhafte Erscheinung

Eine Witwe, die um ihren kürzlich verstorbenen Mann trauerte und sich nach seiner Nähe sehnte, wurde eines Nachts von ihm im Traum besucht. So wie früher hantierte er in der Küche herum, worauf sich seine Gemahlin über die Unpäßlichkeit seines Erscheinens beschwerte. Der Bestatter des Beerdigungsinstituts könne doch kaum damit einverstanden sein, wenn er, der bereits Verstorbene, gegen jede Gewohnheit und Regel, so mir nichts dir nichts seinem Grab entstiege. Nach diesen Überlegungen verschwand der Mann wieder und gab sich bislang auch nicht mehr die Mühe, in den Träumen seiner Frau zu erscheinen.

Dieses Beispiel zeigt uns, daß Sie als Autor Ihrer Träume darüber entscheiden, aus welchen Themen oder Handlungen Ihre nächtlichen Erfahrungen bestehen sollen. Sie bestimmen auch, wo der Traum stattfindet und wer mitspielt. Sie sind das Bühnenbild, vor dem die Handlung, die Ihre jeweilige Situation widerspiegelt, abläuft. Sie verkörpern die Traumgestalten und die Requisiten, die Sie sich zur Unterhaltung Ihres Bühnenstückes auserkoren haben. Sie werden immer zu dem, was Sie sich ausgedacht haben. Das ist nicht nur im Traum, sondern auch in der Wirklichkeit so. Klagen Sie andere nicht an, wenn Ihnen etwas in Ihrem Leben nicht gefällt. Fragen Sie nach, wozu Sie die Wirklichkeit, die Ihr Leben ist, kreiert haben. Wenn z.B. im Traum eine fröhliche Zugfahrt durch den Zusammenstoß mit einem plötzlich auftauchenden Felsen dramatisch beendet wird, dann dürfen Sie sich fragen, wozu Sie sich dieses steinerne Hindernis in den Weg gestellt haben.

Sie werden immer zu dem, was Sie sich ausgedacht haben.

Wenn Ihr Traumbild unscharf ist, dann prüfen Sie, wieso es diese Mängel aufweist. Vermeiden Sie dabei Warum-Fragen, da diese sich nur auf kausales Geschehen beschränken. Der Verstand argumentiert, rechtfertigt, urteilt und versucht, logische Erklärungen zu finden. Sie wollen jedoch die Wahrheit herausbekommen, die dahinter liegt.

In Ihrer Inszenierung treten Sie als Held auf, dessen Rolle Sie für sich selbst geschrieben haben. So wie die Helden, die Sie vielleicht aus Märchen oder Mythen kennen, wurden Sie in eine besondere Situation hineingeboren. Von dort haben Sie Ihre Reise in die Welt angetreten, um Heldentaten zu vollbringen, die symbolisch Ihre Persönlichkeitsentwicklung darstellen. Psychisch betrachtet erleben die Helden in den mythischen und märchenhaften Geschichten genau das, was auch Sie „durchleiden", so daß sie Ihnen wertvolle Vorbilder sein können. Beim Lesen ihrer Abenteuer, und in der vorübergehenden Identifikation mit ihren Triumphen und Niederlagen, helfen sie Ihnen, Ihre Probleme unbewußt zu lösen. Wenn Sie in die Märchentruhe greifen oder von den Mythen der Welt gefesselt sind, brauchen Sie nicht einmal zu verstehen, warum Sie eine bestimmte Erzählung anspricht. Ohne Ihr Zutun werden sich dabei die Wogen der Unruhe glätten oder Antworten zu Fragen gefunden, wie ja auch der Traum im Schlaf eine solche Ordnungsfunktion hat. Die Mythen und Märchen sind die Geschwister der Träume. Gemeinsam weisen sie Ihnen den Weg.

Mythen und Märchen sind die Geschwister der Träume.

Im Laufe Ihrer Entwicklung haben Sie als Held im Leben und im Traum allerlei Gefahren und Versuchungen zu widerstehen. Der Traum ist das Spiegelbild Ihrer Einstellungen, Eigenschaften und persönlichen Reife, die sich in der Distanz ausdrückt, die Sie zum Auf und Ab des täglichen Getöses einnehmen, und in einem Mangel an unliebsamen Eigenschaften wie Neid, Haß, Eifersucht, Mißgunst oder Habgier. Nutzen Sie die Zeit des Lernens. Sie müssen abwarten und erspüren, wann die Zeit für Entscheidungen reif ist, und wo Güte oder Strenge, Vertrauen oder Vorsicht, Tun oder Nichtstun angezeigt sind. Ob Sie eine Schlange verbrennen oder das Häßliche durch die Liebe erlösen, zeigen Handlungsspielräume, über denen nicht nur der Held im antiken Griechenland oder die verlassene Waise im Märchen, sondern auch Sie, nachts, im Schlafzimmer, zu befinden haben.

14. 11. 1995

Was mache ich mit der Schlange im Baum?

Ich bin in einem Garten und entdecke an einem Baum eine Rinde, die durch ihr merkwürdiges raupenartiges Gebilde auffällt. Als ich die Rinde herausheben will, gibt sie nach, und ein großes

Stück Rinde fällt herunter. Dahinter hat sich eine Schlange eingerichtet. Sie liegt zusammengeringelt in der Baumhöhle und schläft. Sie wacht nicht auf. Ich bin beunruhigt. Auf mein Rufen kommen mein Mann und meine Tochter herbeigerannt. Meine Tochter klettert flink wie ein Wiesel auf ein Brett, das sich genau neben der „Schlangenhöhle" befindet, und stößt einen erschreckten Schrei aus … Was soll ich nur mit dem Tier machen?
Später lese ich, daß Schlangen ein Symbol für Transzendenz sind und die zusammengerollte Schlange sogar auf Heilungsfunktionen hinweist, z.B. indem man selbst heilend tätig oder wieder heil wird, wenn man krank ist.

Der Mut zum Sein

Woher nehmen wir den Mut zum Sein? Allen Helden ist gemeinsam, daß sie vor Riesenaufgaben stehen, deren Bewältigung von vornherein zum Scheitern verurteilt zu sein scheint. Und auch Sie und ich sind nicht minder gefordert, wenn wir bedenken, was alles noch vor uns liegt.
Der Held in der Mythologie muß sich durch ungewöhnliche Kräfte auszeichnen oder sich die Gunst der launischen Götter erschleichen, um überhaupt den ersten Schritt zur Beseitigung des anstehenden Übels wagen zu können. Der Märchenheld, der sich mit Mut und Tapferkeit an die Erledigung des Unmöglichen heranmacht, zum Beispiel eine Nadel im Heuhaufen sucht oder einen Teich mit einem Fingerhut auszuleeren beginnt, muß bald feststellen, daß er allein nichts zuwege bringt. Und so empfindet man tatsächlich, wenn man sich den Herausforderungen in seinem Leben nicht gewachsen fühlt. Ein krebskranker Junge hält seine letzten Versuche, sein Leben zu retten, in einem Bild fest. Klein und tapfer steht er – mit einem großen Stop-Schild in seinen Händen – vor einem riesigen, schwarzen Lastwagen, der auf ihn zurollt.

Bleiben Sie mutig und entschlossen.

Die Aufgaben, von denen wir meinen, daß wir ihnen nicht gewachsen sind, sind die praktischen Übungsfelder unserer psychischen und spirituellen Persönlichkeitsentwicklung, wo Sie Ihr Heldendasein mit allen Stärken und Schwächen unter Beweis stellen können. Es ist der Sinn der Traumarbeit, Ihnen bei diesen Heldentaten beizustehen. Veränderungen bedeuten immer Fortschritt, auch wenn man erst einmal subjektiv eine andere Meinung darüber hat. Es wird nichts im Leben von Ihnen verlangt, das Sie ohnmächtig, hilflos, verzweifelt und total erschöpft auf der Strecke zurückläßt. Auch der kleine Junge hat mit Hilfe seiner Eltern und einer einfühlsamen Ärztin den letzten Kampf siegreich überwunden, indem er gelassen, mit beeindruckender Ruhe und über seine Jahre gereift, sterben konnte. Zuletzt waren sein Kopf und sein Körper in ein helles, strahlendes Licht gehüllt. So erzählten die Eltern von der Reise des kleinen Helden mit seinen Engeln in den „Himmel".

Veränderung bedeutet Fortschritt.

Der Märchenheld weiß, daß er auf übernatürliche Kräfte, die in Form von hilfreichen Tieren, Schutzengeln, Feen oder weisen Gestalten erscheinen, angewiesen ist. Wahrscheinlich haben Sie in Ihren Träume auch schon solche Hilfen erfahren. Wenn nicht, dann bitten Sie darum. Fragen Sie – aller Widrigkeit zum Trotz – z.B. danach, was Sie tun können, um gesund zu werden. Die Herausforderungen, die Ihnen die Welt bietet, sind eine Äußerung des Inneren, und Sie bekommen von außen, was Sie für Ihre innere Entwicklung brauchen.

Persönliche Affirmation

Ich bin der Schöpfer aller Dinge.

Tägliche Erfahrungen

Welche Einstellungen und Glaubensüberzeugungen habe ich?

Am besten kommen Sie dahinter, wenn Sie den Inhalt Ihrer Unterhaltungen mit anderen beobachten. Ohne es zu merken, äußern Sie Bestätigungen, die zu fundierten Glaubenssätzen geworden sind. Sie können auch Ihre Zuhörer bitten, Sie darauf aufmerksam zu machen.
Hier sind ein paar Beispiele. Versuchen Sie stets, alle negativen Äußerungen und Gedanken in positive umzuwandeln.

Nur durch Leid wird man weise.	Ich begrüße die wunderbaren Erfahrungen in meinem Leben.
Mein Leben ist ein einziger Kampf.	Mein Leben ist eine einzige Freude.
„Das" ist mein Schicksal.	Ich gestalte mein eigenes Leben und das meiner Träume.
Ich werde immer wieder enttäuscht.	Die Kommunikation mit anderen ist eine große Bereicherung für mich.
Ich werde das nie schaffen.	Beim nächsten Mal wird es leichter.

Notizen vom Traum und Erwachen

Beschreiben Sie Ihr Heldendasein.

Wie reisen Sie durch Ihre Traumlandschaft?

Die Eröffnungsszene ist für die Stimmung des Traumes verantwortlich.

Das Bühnenbild, mit dem der Traum beginnt, läutet bereits das Motiv und Thema ein. Dort liegen die ersten Keime für sein Verständnis. Die Eröffnungsszene ist auch für die Stimmung des Traumes mitverantwortlich und bildet einen wichtigen Bestandteil für seine Deutung. Traumlandschaften wie Wald, Wiese, Fluß, Berg, Felsenkluft, Wüste oder Kontinente und Länder versetzen Sie dorthin, wo die Ouvertüre Ihrer Traummelodie beginnt. Städte sind bevorzugtes Terrain.

Der Schauplatz ist noch aus anderen Gründen für das Verständnis des gesamten Traumes maßgebend. Er sagt Ihnen gleich zu Anfang, wo Sie sich zur Zeit befinden. Meistens drückt er den Standpunkt einer inneren Entwicklung aus. Er gibt auch darüber Auskunft, wie Sie zum Beispiel mit Ihrer Familie, Ihrem Arbeitsplatz oder Ihrer Partnerschaft umgehen. Da das, was Sie äußerlich erleben, den Zustand Ihrer inneren Entwicklung widerspiegelt, werden das Innere und Äußere miteinander in Verbindung gesetzt, um das Innen sowie das Außen zu verstehen.

Wie jedem einleuchtet, besteht ein wesentlicher Unterschied darin, ob Sie sich zu Beginn des Traumes in einem Schloß, auf einem Schiff oder in einem Armenviertel von Kalkutta befinden. Sie werden sich an einem wunderschönen Urlaubsort anders fühlen als in einem Krankenhausbett. In einem Gefängnis würden Sie das Gefühl des Eingesperrtseins kennenlernen. Wenn Sie davon träumen, könnten Sie sich fragen, was in Ihrem Leben auf ein Kerkerdasein schließen läßt. Am Ufer des Meeres könnten Sie Weite, Größe, und Unermeßlichkeit in sich aufsteigen fühlen; Bild und Gefühl sind die beiden Seiten einer Münze.

Ihr Haus hat viele Wohnungen

Häuser und Wohnungen befassen sich mit Ihrer Persönlichkeit.

Traumgeschichten halten sich besonders gerne in bekannten oder unbekannten Häusern und Wohnungen auf. Sie haben mit dem Gehäuse Ihrer Persönlichkeit und Ihrem Körper zu tun. Häuserfassaden können unauffällig oder übertrieben dekoriert sein; auf jeden Fall lohnt es sich, hinter diesen Schein zu sehen. Wer weiß, was da versteckt ist. Eltern- oder Geburtshäuser beheimaten Erinnerungen aus der Kindheit. Wohnungen, Büroräume oder Zimmer, die auf verschiedenen Stockwerken durch Treppen oder Aufzüge verbunden sind, wollen Ihnen zeigen, welche Beziehung Sie zu sich selbst und Ihren Mitmenschen haben. Die Wendeltreppe deutet darauf hin, wie die Traumthemen um einen zentralen Punkt kreisen, der „geknackt" werden möchte. Türen und Fenster sind Verbindungen und laden zur Kommunikation ein. Von ihrer Verfassung hängt es ab, wie sich der Träumer öffnet, aber auch gleichzeitig schützen kann. Der Versuch, diesen Zustand zu verbessern, gelingt im nächsten Traum noch nicht; er bewegt sich im Kreis so wie der Gang, der rundherum die Türen umgibt.

31.1.1998

Tür- und Fensterrahmen sind verwittert und brüchig

Treppen, Türen und Fenster dienen der Kommunikation.

Ich bin in einer mir unbekannten Wohnung ... Ich schaue mir die Fenster an. Es sind eigentlich alles Türen, die auf einen um die Wohnung herumlaufenden Gang führen. Das Holz der Türrahmen ist schon sehr verwittert und brüchig; die Türen schließen nicht ganz. Auffällig ist, daß sie sich nicht von innen, sondern nur vom Gang aus schließen lassen. Ich beginne, die Türflügel so aus- und umzuhängen, daß sie künftig von innen zu verschließen sind. Dabei merke ich, daß die Scharniere schon sehr wackelig sind ...

Ich gehe hinaus und komme auf eine sehr verwahrloste Straße ... Einige Häuser müßten sogar abgerissen werden.

Es ist zu hoffen, daß Ihre Türen in besserer Verfassung sind. Schauen Sie genau hin, wenn im nächsten Traum welche vorkommen. Nehmen Sie sich vor, den Raum zu erweitern, die Wände zu versetzen oder sich vorzustellen, was davor oder dahinter liegen könnte. Wenn man die Zimmer im Traum wechselt, verändert man seine Einstellung.

Die Küche ist ein Ort der Verwandlung.

Wohn- und Arbeitszimmer stehen für alltägliche familiäre Situationen bzw. geistige Beschäftigungen. Die Küche ist ein Ort der Verwandlung. Dort werden Speisen vorbereitet, gekocht und verändert, womit seelische Prozesse symbolisiert werden. Auch die ernährende, mütterliche Liebe hat dort ihr Domizil.

Schlafzimmer verbindet man mit Sexualität und Geheimnissen. Die nächste Träumerin verrät uns, wie die Phantasien ihres Liebeslebens von elterlichen Vorstellungen besetzt sind, die bestimmt mehr als nur die Betten in Beschlag genommen haben. Die Träumerin, die schon erwachsene Kinder hat, beginnt allmählich, über die allgegenwärtige Dominanz ihrer Eltern in Wut zu geraten.

3. 11. 1997

Besetzte Betten

Ich bin in meiner neuen Wohnung. Sie ist gelb gestrichen und strahlt im Sonnenlicht. Als ich mich mit meinem Freund ins Schlafzimmer begebe, entdecke ich in meinem Bett zwei zugedeckte Gestalten, die sich als meine Eltern entpuppen. In allen anderen Räume besetzen meine Eltern ebenfalls schlafend und vermummt meine Betten. Für mich und meinen Freund finde ich keine Bleibe.

Betten bergen Geheimnisse.

Wenn man sich aber nach einer unbesetzten Wohnung sehnt, kündigt sich vielleicht persönliche Leere und Einsamkeit an, oder man ist gerade dabei, sich neu einzurichten und ferne Horizonte zu erforschen. Eine mit Mobiliar überfüllte Behausung zeigt die Dringlichkeit, sich von Überflüssigem zu befreien. Leere Betten, besonders im

Hotel, sind ein beklemmendes Zeichen. Es gilt zu erkunden, wie es zu diesem Mangel gekommen ist. Immer wieder sind jedoch Ihre Gefühle entscheidend, die die Traumbilder begleiten und die Sie mit einem bestimmten Symbol verbinden.

Keller und Dachzimmer sind Schatzkammern.

Der Keller, das Dachzimmer und der Speicher erlauben Ihnen Zugang zu Aufbewahrtem, Verstecktem, Vergessenem und Unverarbeitetem, wobei der Keller zum unbewußten und das obere Stübchen zum mentalen Bereich gehört.

Es wird mehr von Toiletten als von Badezimmern geträumt. Auf der Toilette erleichtern wir uns von Abfallprodukten, wobei deren Verwendbarkeit in der Landwirtschaft oder Homöopathie ihre Bedeutung hat, und auch im Traum auf materielle Gewinne schließen läßt.

Auf welchen Wegen und mit welchen Mitteln wollen Sie Ihre Ziele erreichen?

Reisen zeigen Veränderungen an, und je besser Sie sich vorbereiten, um so eher werden sie vom Erfolg gekrönt sein.

Die Gefühle, die Sie über Ihre Reiseziele haben, bestimmen, was Sie bei der Ankunft vorfinden.

Die Gefühle, die Sie über Ihre Reiseziele hegen, bestimmen, was Sie bei der Ankunft vorfinden. Ohne Ausnahme wird immer das in Erscheinung treten, von dem Sie innerlich überzeugt sind, daß es wahr ist.

Genau so ist es auch bei der Entscheidung über Ihren inneren Lebensweg. Wo wollen Sie hin, und wie möchten Sie dorthin kommen? Das Auto ist ein beliebtes Symbol. Züge, Straßenbahnen, Fahrräder, Schiffe und Flugzeuge folgen in der Reihenfolge ihrer Popularität. Dann gibt es natürlich noch Hochzeitskutschen, Kähne und Planwagen. Der Phantasie der Träume sind dabei keine Grenzen gesetzt. Der Hubschrauber zum Beispiel gelangt dorthin, wo andere Verkehrsmittel nicht mehr hinkommen. Im übertragenen Sinne sind darunter komplexe psychische Konstellationen zu verstehen, die nicht so ohne weiteres zugänglich sind.

Herbst 1994

Ich fliege mit dem Hubschrauber

Ich habe Urlaub und fliege mit einem Hubschrauber über einen Vulkan, der sich plötzlich öffnet. Daraufhin versuche ich über eine Wendeltreppe in seine Tiefe zu steigen ...

Ihre Traumwege verraten Ihnen die Qualität Ihres Lebensweges.

Das Verkehrsmittel gibt uns Auskunft darüber, wie beschwerlich, nah oder weit, romantisch oder geschäftlich die Reise vonstatten geht. Aber nicht selten sehen wir den Träumer auf Schusters Rappen daherziehen. Die Beschaffenheit seiner Wege, Land- oder Stadtstraßen, Wiesen- oder Waldpfade gibt uns Auskunft über die Qualität seines Lebensweges. Eine kurvenreiche Strecke ist nicht so geradlinig wie die Landstraße, die wiederum auf das sich lang Hinziehende hinweist. Der Waldweg, je nach dem Gefühl, das sich im Traum mit diesem Symbol verbindet, kann zur Erholung einladen oder einsame Stunden voraussagen. Letztlich ist jede Ihrer Reisen als Kreisbewegung zu verstehen, die in Ihre innere Mitte und zu Ihrer Befreiung führt.

Das Auto steht für Ihre eigene Autonomie.

Das Auto steht für die eigene Autonomie, die notwendige Selbständigkeit, um sich ein ereignisreiches, freudenreiches Leben zu gestalten. Wenn ein Auto nicht funktioniert oder gestohlen wird, ist unsere Persönlichkeit entsprechend lädiert. Vor allen Dingen muß man sein Steuerrad selbst in die Hand nehmen. Viele Träume bringen nicht den am Steuer seines Autos sitzenden Träumer zum Vorschein. Dort sitzt nämlich häufig eine ganz andere Person; fast immer eine solche, der man erlaubt hat, Entscheidungen über uns zu treffen, oder die sich wegen unserer Bescheidenheit oder Zurückhaltung hervortun kann. Autonomieprobleme, die niemandem fremd sein dürften, bieten die wunderbare Chance, eine selbständige Persönlichkeit zu entwickeln. Wenn der Prozeß gelungen ist, dann sitzen wir wieder selbst am Steuer.

Der folgende Traum zeigt etwas von der beklagenswerten Problematik. Hannelore ist mit ihrer Arbeitsstelle nicht zufrieden. Sie leidet unter der Monotonie der Arbeit und der Feindseligkeit ihrer Kollegen. Die Wortwahl des Traumes drückt sehr treffend die depressive Stimmung aus. Daß das Auto zum Schuß auf der falschen Straßenseite stehen bleibt, hebt noch einmal hervor, daß im Moment nichts richtig gelingt, die Energien sitzen an der falschen Stelle.

13.11.1997

Das schwarze Auto rollt bergab

Ich fahre in einem schwarzen Auto eine steile Straße hinauf, an deren Ende meine Arbeitsstelle liegt. Das Auto wird von einer Arbeitskollegin gesteuert. Oben angekommen, steige ich aus, aber das Auto rollt den Berg wieder hinunter. Ich gehe rückwärts nebenher und versuche vergeblich, das Auto zu stoppen. Verzweifelt lenke ich es an dem Rand der Böschung entlang, bis ich es auf der Straßenmitte kurz zum Anhalten bringe. Dann rollt es weiter nach unten. Es gelingt mir nicht, es auf der „richtigen" Seite zu parken. Es bleibt dann unten, vor dem Berganstieg, auf der falschen Straßenseite stehen.

Ähnlich symbolisieren Schiffsreisen, auf denen man selbst der Kapitän ist, Lebensziele von besonderer Bedeutung. In diesem Traum kündigt der Traum eine Veränderung an. Auch hier läßt die Wortwahl aufhorchen.

5.1.1998

Mein Lebensschiff fühlt sich bedroht

Ich fahre auf einem Segelschiff mit ... und übernehme den Platz des Steuermanns. Als das Fahrwasser eng wird, fährt das Schiff in einen schmalen Kanal, neben den etwas tiefer gelegenen Fluß. Es geht in Kurven und Schleifen weiter. Überraschend stelle ich fest, daß der Kanal plötzlich endet. Als sich das Schiff auf die Seite legt, bin ich schon nicht mehr an Bord. Schiff, Mast und Segel kommen mir sehr klein vor.

Im Traum und beim Aufwachen kommt mir der Gedanken, daß diese Geschichte über meine plötzlich endende Fahrt auf dieser Erde spricht.

Die Probleme anderer werden manchmal als eigene erlebt und geträumt.

Ein paar Monate später stirbt der Bruder des Träumers. Manchmal kann man erst hinterher Traum und Wirklichkeit miteinander verbinden oder bestimmte Zusammenstellungen verstehen, wie z.B. diesen Traumanfang: „*Ich fahre auf einem Segelschiff mit …*“, auf dem der Träumer dann das Ruder übernimmt.
Fahrradträume betonen die eigene Kraftanstrengung des Träumers. Im nächsten Traum ist sein selbständiges Bemühen durch andere vereitelt worden.

14.5.1998

Wer hat in den Fahrradschlauch gestochen?

Das Vorderrad meines Fahrrades ist platt. Ich hatte es vor einem Geschäft abgestellt. Ich pumpe es auf, aber die Luft entweicht sofort wieder. Also hat jemand in den Schlauch gestochen … Ich bin sauer und habe keine Ahnung, wer das gemacht haben könnte.

Auf Ikarus' Flügeln

Beim Fliegen befreien Sie sich von aller Last.

Auch Sie können sich – im Traum – in die Lüfte erheben, ein Wunsch, der die Menschen von jeher gefesselt hat. Fliegen Sie! Befreien Sie sich – wenn auch nur vorübergehend – von den irdischen Problemen. Träumer, die fliegen, fallen selten in die Depression; das allein ist schon Grund genug, das Fliegen zu erlernen. Die Luft macht leicht, entwirrt Gedankenzöpfe und erlaubt Ihnen, frei, offen und ausgeglichen zu denken. Hier zeigt Ihnen Olaf, wie es ihm bei der Fliegerei ergangen ist.

3.11.1997

Ich kann wieder fliegen

Ich kann wieder fliegen. Die Hände nach vorn und nicht zu weit auseinander, die Handflächen nach unten und leicht gegen den Wind gelegt, und schon fliege ich los. Ich fühle mich ein wenig ungeübt, und ich komme auch nicht besonders hoch. Es reicht aber, um gut über die Köpfe der anderen hinwegzufliegen. An einem dicken Baum, der mir mächtig im Wege steht, komme ich nach kurzem Überlegen gut vorbei. Unbekannte Personen fliegen neben mir her. Beim Fliegen fühle ich mich am wohlsten …

Falls Sie noch nicht flügge geworden sind, beobachten Sie die Eleganz und Flugkunst der Vögel. Legen Sie Ihre Handflächen, so wie Olaf es oben beschreibt, zusammen, und machen Sie – auf dem Boden liegend oder stehend – die ersten Flugversuche.

Kollektive Erfahrungen auf gemeinsamen Reisen

Sie werden nicht nur allein, sondern auch mit anderen verreisen, denn jeder hat im Traum schon auf einem Bahnhof oder Flughafen geträumt, um eine neue Reise anzutreten. Freuen Sie sich auf Veränderungen, die Sie dank Ihrer Gedanken und Gefühle eingeleitet haben.

Schienennetze erinnern an Anpassung.

Züge, Straßen- oder U-Bahnen weisen wegen ihres Schienennetzes und der Beachtung von festgesetzten Ankunfts- und Abfahrtszeiten auf Anpassung und Einschränkung hin, unter Umständen auch, daß alles beim alten bleiben wird. Die Fahrbahn ist bereits vorgegeben. Das Reiseziel, falls Sie eines haben, ist aufschlußreich. Die Gefahr der Entgleisung und des Verpassens einer Bahn ist das bekannte frustrierende Element eines Traumes, der vorausblickend auf eine Entgleisung in der Wortwahl oder eine verpaßte Chance aufmerksam machen könnte. Die Vorwarnung sollte man nutzen, damit man nicht ein Versäumnis zu bedauern hat. So wie Straßenbahn- und Zugfahrten gehören Busreisen zu kollektiven Erfahrungen, denn man ist nicht allein und nicht selbst tätig. Sie verweisen oft auf einen Mangel an Autonomie.

Sommer 1986

Der Reisebus bringt mich zurück

Ich befinde mich im Reisebus zusammen mit vielen anderen Reisenden. Weil der Bus so voll ist, frage ich nach einem Platz. Jemand zeigt nach ganz hinten und sagt, daß da noch Platz frei sei. Ich erwähne, daß ich immer wieder zurück in mein „Schwabenländle" fahren würde. Ich wache auf, als ich dort angekommen bin.

Lernen macht Spaß!

Zu kollektiven Erfahrungen gehören auch Behördengänge und Schulbesuche, die letzteren werden mit Lernerfahrungen in Verbindung gebracht. Polizeibehörde und ihre Vertreter deuten auf einen Zustand in Ihrem Leben hin, der dringend beachtet, beschützt oder kontrolliert werden müßte. Krankenhäuser, Pflegepersonal und Ärzte stehen symbolisch für die Hilfe, die Sie benötigen, und wie sie Ihnen zuteil werden kann.

Persönliche Affirmation

Die ganze Welt ist in mir.

Tägliche Erfahrungen

Wie bewegen Sie sich durch Ihre Welt?

Wie bewegen Sie sich durch Ihre Träume und wie durchs Leben? Welche Kontraste oder Ähnlichkeiten beobachten Sie?

Notizen vom Traum und Erwachen

Vor welchen Kulissen spielen Ihre Träume?

In welcher Beziehung stehen sie zu Ihrem tatsächlichen Umfeld?

Ereignisse im Spiegel Ihrer Bewußtwerdung

Alle äußeren Ereignisse, die in Ihr Leben treten, drücken die Lernprozesse aus, für die Sie sich zur Zeit interessieren. Besonders im Traum werden Raum und Zeit subjektiv erlebt. Das Wo und Wie und Ursache und Wirkung werden gleichzeitig erfahren, da deren Schnittpunkte oder Einschnitte sich nicht linear, sondern in der Tiefe ausdehnen. Dort werden sie emotional empfunden. Es liegt in der Natur eines Ereignisses, z.B. Schwangerschaft oder Erbschaft, daß es aus einem veränderten Bewußtsein geboren wird. Eine sichtbare Realität entspringt immer einem unsichtbaren „höheren" Sinn. Mit einer veränderten inneren Einstellung verwandeln Sie, manchmal sofort, Ihre äußere Wirklichkeit. Je bewußter Sie werden, um so einfacher wird das Leben.

Mit neuen Einstellungen verändern Sie Ihre äußere Wirklichkeit.

Bleiben Sie nicht bei der mechanischen Analyse der Ereignisse, die sich nur mit den äußeren Beziehungen der Dinge befaßt. Damit wird nie die Tiefe erreicht, die um den Ursprung der Ereignisse weiß. Mit der Zeit werden Sie nämlich auch merken, daß sich die Träume auf mehreren Ebenen deuten lassen. Fragen Sie sich, was ein bestimmtes Ereignis für Sie bedeutet, wozu es an einem bestimmten Zeitpunkt den Raum Ihres Lebens berührt, und was es Ihnen zu sagen hat. Das gilt für Ereignisse in Ihren Träumen und Ihrer Wirklichkeit.

Um äußeren Einwirkungen vorzubeugen, haben früher die Menschen versucht, mit den Göttern auf gutem Fuß zu stehen, und auch um Ordnung im äußeren Chaos zu finden. Besonderer Wert wurde dabei auf Lob und Dank gelegt. Hierzu gehören beispielsweise Feste zur Sonnenzeitwende, Geburt, Hochzeit oder zu Geburtstagen, Ostern oder Weihnachten. Jede Kultur hat ihre eigenen Beerdigungsrituale. Feste wie Hanuka oder Ramadan sowie viele asiatische Neujahrsfestivals oder unsere abendländischen Gebräuche gehen auf Mythen, Sagen und Legenden zurück.

Im Traum können Sie Zeuge von Vulkanausbrüchen, Überschwemmungen, Wirbelstürmen oder Erdbeben sein. Sie deuten auf plötzliche Veränderungen, vorwiegend im sozialen und persönlichen Bereich, hin. Dabei werden Sie auch an Ihre eigene machtvolle Energie erinnert. Achten Sie dabei auf Ihre Gefühle, die ausschlaggebender sind als das Ereignis selbst. Menschen, die Katastrophen wie Flugzeug- oder Zugunglücke prognostisch vorweg träumen, scheinen sich viel mit der angeblichen Unvorhersehbarkeit des menschlichen „Schicksals" zu beschäftigen. Wenn sie die Geister erst einmal rufen, ist es schwer, sie loszuwerden. Trotzdem sollten Sie sie ernst nehmen, wenn sie kommen. Mehr darüber finden Sie in dem Kapitel über „Vorherbestimmung oder freier Wille?"

Akzeptieren Sie Ihre eigene Kraft.

Katastrophen – in der Natur und am eigenen Leib ...

Krankheit scheint manchmal ein ähnliches Ausmaß anzunehmen wie eine Naturkatastrophe. Unweigerlich fühlt man sich an der Kreuzung seines Lebensweges angekommen. Es bleibt auch hier zu fragen, wozu man sich solches Leid ausgewählt hat. Welche Erfahrungen wollen Sie damit machen? Ihr natürliches Wesen ist vollkommene Gesundheit und nicht, wie oft angenommen, etwas Gottgegebenes. Der Gott, der in unseren Märchen noch auf Erden wandelt, würde sich entschieden dagegen wehren, die Ursache unseres Leids zu sein.

Welche Erfahrungen wollen Sie mit einer Krankheit machen?

... und Neuanfänge

Gott sei Dank ist von Geburten in Träumen recht oft die Rede. Sie zeigen Erfolge an. Wohlgenährte Kinder zeugen natürlich von größerem Glück als magere und verkümmerte. Selbstverständlich können Männer auch Kinder bekommen – im Traum.

Heike wurde vor einem Vertragsabschluß mit folgendem Traumsegen überrascht.

22.02.1998

Gut genährte Babys

Glücklich stille ich ein gut genährtes Baby. Andere Frauen, die neben mir sitzen, stillen ebenfalls ihre Säuglinge. Zwischendurch entferne ich mich etwas von meinem Kind, gehe aber immer wieder zu ihm zurück, um mich an seinem Lächeln zu erfreuen.
Ich wache mit dem Gefühl auf, daß eine reiche Fülle geboren wurde. Auch wenn ich mich mal von der Quelle entferne, wird die Freude des Lächelns gegenwärtig bleiben.

Feste, Parties, Feiern und Tanzen sind freudige Anlässe, die im Traum einen oft zarten erotischen Touch anklingen lassen. Tasten Sie Ihre Träume danach ab.

Träumen macht Freude.

4.8.1996

Die Gartenparty verschafft mir neue Einblicke

Ich bin auf einer großen Gartenparty. Obwohl viele Menschen da sind, bin ich immer in der Nähe von Oliver. Mal liegen wir nebeneinander im Gras – halb schlafend liege ich mit meinem Kopf auf seiner Brust –, mal sitzen wir nebeneinander in großer Runde am Gartentisch. Dann wieder schaue ich von einem Balkon aus auf die Runde.

Persönliche Affirmation

Raum und Zeit sind endlos.

Tägliche Erfahrungen

Malen Sie sich aus, was im Traum geschah, bevor Sie die Szene betraten.

Der Traum ist so wie Ihre Wirklichkeit ein fortlaufender Prozeß. Versuchen Sie, in die Vergangenheit des Traumes einzusteigen, und knüpfen Sie eine Verbindung zur aktuellen Traumsituation und zu Ihrer eigenen Wirklichkeit.

Notizen vom Traum und Erwachen

Was wollen mir die Ereignisse im Traum und in der Wirklichkeit sagen?

Vertiefen Sie sich in die Überlegung, wozu Sie bestimmte Ereignisse eingeladen haben. Vielleicht möchten Sie eine aktuelle Situation besonders bedenken. Schreiben Sie darüber: Hinterfragen Sie Ihre Überzeugungen, die dabei zum Vorschein kommen.

Bekannte und unbekannte Gestalten auf Ihrer Traumbühne

Bekannte oder unbekannte Traumgestalten sind, wie Sie bereits wissen, die wesentlichen Bestandteile Ihrer Träume. Sie spiegeln die Aspekte Ihrer eigenen Persönlichkeit, die, in Ort und Zeit eingebettet, den Ereignissen ihre Bedeutung geben. Es gibt Haupt- und Nebendarsteller, weibliche und männliche aller Altersstufen, die ihr Debüt geben und sich gemäß ihrer Rolle durch entsprechende Charaktereigenschaften auszeichnen. Die Vielseitigkeit der menschlichen Persönlichkeit ist auch bei den Traumgestalten beeindruckend. Achten Sie darauf, welche Personen in Ihren Träumen auftauchen, welche hinzukommen oder wieder verschwinden. Setzen sie andere Akzente, und verändern sie das Geschehen Ihrer bekannten Traumwelt?

Traumgestalten sind personifizierte Aspekte des eigenen Wesens.

Meistens sind die Personen im Traum anonym. Doch hat man manchmal das Gefühl, sie zu kennen, obwohl man sie noch nie getroffen hat; damit verweisen sie auf personifizierte Aspekte unseres eigenen Wesens. Menschen, die sich deprimiert und niedergeschlagen fühlen, haben weniger Traumgestalten, die, wenn sie erscheinen, oft der leiblichen Familie und dem Bekanntenkreis aus der Vergangenheit entstammen. Fremde Personen fehlen oft ganz. Wenn Sie dergleichen beobachten, untersuchen Sie, inwiefern Sie noch an die Vergangenheit gebunden sind und an welchen Bildern Sie hängen. In dieser „Abhängigkeit" sind Sie ausgesprochen verletzlich, im Wachen wie im Träumen.

Befreien Sie sich von Abhängigkeiten.

Auch die Feinde in Ihren Träumen gehören zu Ihnen. Sie wollen von Ihnen anerkannt und integriert werden. Wenn Sie sich des Träumens bewußt sind, so umgeben Sie eine bedrohliche Traumfigur mit einem goldenen Licht. Fragen Sie, wer sie ist und was sie von Ihnen will. Machen Sie sich ihre mächtigen Energien zu nutzen. Umsonst wurde nicht gesagt, seine Feinde zu lieben.

In seiner kompensatorischen Aufgabe betont der Traum angesichts von Unehrlichkeit Ehrlichkeit. Die „wahren Gesichter" zu enthüllen, gehört zu seinen besonderen Qualitäten. Er gleicht da aus, wo die Einstellung des Träumers einseitig belastet ist. Sollten Sie Ihren Partner über die Maßen bewundern und von ihm geblendet sein, so ist dem Traum daran gelegen, Ihnen klaren Wein einzuschenken. Mitunter sind wir schockiert, wenn wir unsere Vorgesetzten oder sogenannte Autoritätspersonen in uns bis dahin unbekannten Gestalten wiederfinden. Oder entdecken Sie plötzlich bei ihnen Sensitivität, Mitgefühl und Fürsorge? Veränderungen in Beziehungen und Partnerschaften drücken sich vornehmlich in der Verwandlung des Partners in eine andere Person aus, die dann z.B. einem Geschwister ähnelt. (Siehe dazu auch „Szenen einer Trennung".)

Der Traum enthüllt die wahren Gesichter.

Die Angst vor dem Tod ist ein wichtiger Entwicklungsschritt.

Die Angst vor dem Tod oder seine Erscheinung zeigen wichtige Entwicklungsschritte, die auf die Transformation des Träumers aufmerksam machen. Der Tod einer Traumgestalt weist auf eine veränderte Haltung zu ihr hin und bedeutet nur selten den leiblichen Tod dieses Menschen. Mord und Totschlag kündigen die Errungenschaft veränderter Einstellungen und neuer Erkenntnisse an, besonders dann, wenn sich die Tat wie ein natürliches, selbstverständliches Ereignis vollzog und Sie erleichtert und zufrieden macht. Dem Akt der Befreiung sind vielleicht schon etliche, wenn auch weniger dramatische, Versuche vorausgegangen. Mit Leichen, die Sie im Kofferraum oder sonstwo entdecken, schleppen Sie längst Vergangenes mit sich herum, das Sie wirklich begraben sollten.

Die nächste Träumerin muß sich von einer Gestalt trennen, die zu ihrer Persönlichkeit gehört. Wenn sie es nicht tut, wird sie umkommen.

5.9.1997

Was mache ich mit dem fremden Mann?

Außer mir befindet sich in der Pension noch ein anderer Gast, ein fremder Mann in meinem Alter. Auch er will die Straße hinunter in einen Ort fahren ... Plötzlich bemerke ich, daß der Wald brennt und das Tal unten überschwemmt zu sein scheint ... Ich versuche, auf die andere Seite des Berges – diesmal zu Fuß – hinunter in die Stadt zu gelangen. Auch dort Rauch und Flammen. Ich kehre wieder um, damit ich den Mann in der Pension warnen kann. Beim Aufwärtssteigen wird mir aber bewußt, daß, wenn ich zurückkomme, wir beide in den Flammen umkommen werden. Es gibt nur eine Möglichkeit, mich zu retten: Ich muß den Berg hinuntergehen – durch Feuer und Wasser. Ich darf nicht zurückgehen, nicht einmal zurückblicken.

Jede Familie hat ihr eigenes kollektives Unbewußtes

Familienmitglieder haben ein gemeinsames kollektives Unbewußtes; man träumt voneinander und füreinander. Partner, Kinder und Eltern weisen manchmal auf ihre persönlichen Probleme hin. Im folgenden ist es eine Mutter, die sich mit der Not ihres Kindes und der ihres Mannes beschäftigt.

Träumen Sie voneinander und füreinander.

9.11.1996

Zeigt das Kind unsere Unzulänglichkeit?

An einem Vormittag hat Emily – im Traum fünf Jahre alt – eine Pappschachtel zu gestalten. Sie liefert ein miserables Werk ab, und ich meckere mit ihr. Dann fängt Rob [mein Mann] an zu schimpfen und wird immer heftiger. Emily fängt an zu weinen; und je schlimmer Robs Angriffe werden, desto mehr weint sie. Der letzte Angriff scheint sie sehr ins Herz zu treffen. Ihr ganz lautes Weinen zeugt von höchster Not ... Zwischendurch versuche ich, mildernd einzugreifen Jetzt schreie ich Rob an. Ich eile zu Emily und nehme sie fest in meine Arme und tröste sie.

Um ein gesamtes Traumszenario in einem Blick vor sich zu haben, finden Sie auf der nächsten Seite eine Aufstellung der wichtigsten Punkte, mit denen Sie ebenfalls Ihre Träume übersichtlich festhalten können.

Fragen weisen mir den Weg

Emily mag uns als Beispiel dienen, Raum, Zeit und Traumgestalten ins Blickfeld zu rücken. Handlung, Thema und Botschaft des Traumes, über die wir noch ausführlich sprechen werden, sind hier schon einmal als Vorschau erwähnt.

Wo und *wann* findet mein Traum statt? *Im Wohnzimmer, am Vormittag.*	*Wer* spielt mit? (Traumgestalten) *Beide Eltern und ein fünfjähriges Kind, das in Wirklichkeit ein paar Jahre älter ist.*	*Welche* Requisiten benutzt der Traum? *Eine Pappschachtel.*
Wie wird das Thema dargestellt? (Handlung) *Ein Kind wird von seinen Eltern kritisiert. Die verletzende Kritik des Vaters braucht den Trost der Mutter.*	*Was* will der Traum sagen? *Die Eltern erwarten zuviel von ihrem Kind, wobei der Vater in seinem aggressiven Ansatz sich selbst getroffen fühlt. Was macht ihn so angreifbar?*	*Welche* Handlungen oder Fragen ergeben sich aus dem Traum? *Wie gehen wir mit unseren Unzulänglichkeiten um?*

Hier ist eine Aufstellung für Ihre Traumfragen

Wo und *wann* findet mein Traum statt?	*Wer* spielt mit?	*Welche* Requisiten benutzt der Traum?
Wie wird das Thema dargestellt?	*Was* will der Traum sagen?	*Welche* Handlungen oder Fragen ergeben sich aus dem Traum?

Allgemeines Rollenverhalten

Persönliche oder berufliche stereotype Eigenschaften vermitteln durch ihr spezifisches Rollenverhalten entsprechende Traumbotschaften. Der Arzt, der hilft; das Stiefkind, das sich vernachlässigt fühlt; die Polizei, die Ordnung schafft; der Schornsteinfeger, der reinigt; der Soldat, der verteidigt; der Richter, der Recht spricht, usw. Allerdings dienen hier wieder Ihre persönliche Meinung und Gefühle als Wegweiser. Vielleicht fühlt sich Ihr Stiefkind geliebt, oder Ihr Traumschornsteinfeger bringt Ihnen Glück.

Unter Kleidern, Masken, Bärten ist die wahre Identität versteckt.

Wechseln Sie selbst oder Ihre Traumgestalten die Kleidung, dann werden oder haben Sie Ihre Ansichten über sich selbst oder andere oder über etwas geändert. Masken, bisweilen auch Bärte, verdecken die wahre Identität. Forschen Sie nach, wer oder was dahinter steckt. Manchmal ist der Träumer unbekleidet, was man von seinen Mitspielern nur selten behaupten kann. Im nächsten Traum wird Nacktheit als Befreiung erlebt.

28.7.1997

Nackt im Jungbrunnen

Ich bin in einem (Jung-)brunnen, der riesengroß ist, und schwimme und tauche im klaren leicht blaugrünen Wasser. Ich bin nackt. Um mich herum schwimmen schöne Jünglinge, mit denen ich im Vorbeischwimmen Körperkontakt habe. Mir wird bewußt, daß ich träume, und ich koste die Taucherei genüßlich aus.

Nacktheit kann aber auch eine Peinlichkeit sein und weist darauf hin, wie unangenehm es wäre, wenn andere herausfänden, was wir eigentlich sind. Wir vergessen dann, daß wir unsere eigene Realität schaffen, nach dem Motto, ich denke, also bin ich – was ich bin. Der Grad Ihrer Wertigkeit hängt von Ihrer eigenen Einschätzung ab. Die Meinung anderer über Sie ist lediglich eine Reflexion Ihrer eigenen über sich selbst. Die Welt und die Menschen in ihr sind so gut oder so schlecht, wie Sie sie mit Ihren Augen sehen, und andere werden sich gemäß Ihrer eigenen Erwartungen verhalten.

Persönliche Affirmation

Die Menschen in meinem Leben strahlen Harmonie, Begeisterung und Frieden aus.

Sobald Sie davon überzeugt sind, werden solche Menschen nicht lange auf sich warten lassen. Ändern oder ergänzen Sie diese Affirmation mit Eigenschaften, die für Sie wichtig sind. Die Menschen in Ihrem Leben sind der Spiegel Ihres Bewußtseins. Es ist ratsam, sich darüber klarzuwerden, was Sie über andere denken. Ihre Meinung wird angenommen, wenn Sie, wie immer bewußt, auch von Ihrem Empfänger für wahr erachtet wird. Ehe Sie Ihren Mitmenschen zur Bewußtwerdung Ihrer wertvollen Qualitäten verhelfen, müssen sie diese für sich selbst als Realität akzeptiert haben.

Tägliche Erfahrungen

Welche Eigenschaften Ihrer unbekannten Traumgestalten begegnen Ihnen am Tag?

Notizen vom Traum und Erwachen

Ersetzen Sie unliebsame Eigenschaften mit dem Glanz und der Pracht Ihrer kühnsten Vorstellungen.

Notieren Sie, welche unliebsamen Gestalten in Ihren Träumen und in Ihrem Leben auftreten, und ersetzen Sie deren Eigenschaften mit solchen, die Sie sich für sich selbst und für Ihre Mitmenschen wünschen. Dabei wiederholen Sie die persönlichen Affirmationen mehrmals am Tag.

Ich erzähle meine Träume ...

Jeder Ihrer Träume ist ein Kunstwerk, das von einem eigentümlichen Zauber erfüllt ist und in seiner inhaltlichen und strukturierten Einheit beeindruckt. Er erzählt eine Geschichte, die spiralförmig um ein bestimmtes Thema, das Ihnen am Herzen liegt, kreist. Stellen Sie sich vor, daß Ihr Traum ein Ausschnitt aus einer fortlaufenden Erzählung ist, die sich im Unbewußten mit Ihren Erlebnissen auseinandersetzt. Trotzdem ist jeder Traum eine Geschichte für sich. Er hat Anfang, Mitte und Ende, Höhepunkte und Konflikte. Es ist einleuchtend, daß er sich nach Entspannung und Auflösung sehnt, die der Träumer erlebt, wenn er eine Aufklärung oder Botschaft empfängt. Auch wenn Sie sich nicht an Ihren Traum erinnern und nur seine Stimmung nachklingt, hat sich bereits etwas in Ihrem Inneren in Bewegung gesetzt. So wie eine Märchengestalt einer anderen einen Traum erzählt, können auch Sie morgens Ihre Familie oder Ihre Freunde mit den Worten überraschen: „Heute nacht habe ich einen seltsamen Traum oder einen Traum im Traum gehabt.“ Unterhalten Sie sich über Ihre Träume, und fragen Sie andere danach. Die Art und Weise, wie Sie Ihre Träume darstellen, hilft Ihnen und Ihren Zuhörern, der Deutung näher zu kommen.

... mit Gefühl, sie sind aktuell und voller Spannung

Erzählen Sie Ihre Träume in der Gegenwart.

Es ist gut, unsere Träume mit Gefühl und Empfindung zu erzählen, damit projizieren wir die Träume aus uns heraus. Wie erinnern uns daran, daß der Traum ein Gebilde von emotionalen Energien ist. Außerdem gewinnt er an Lebendigkeit, wenn er in der Gegenwartsform wiedergegeben wird. Damit betonen Sie seine Aktualität, fesseln die Zuhörer und laden sie ein, mit Spannung auf die weitere Entwicklung zu warten. Hier sind zwei Traumbeispiele:

… ich öffne gespannt ein dunkelbraunes, hölzernes Schmuckkästchen, das meiner verstorbenen Großmutter gehört hat. Als ich …

oder …

Ich bringe mein Kind zu Persephone, der Tochter von Demeter, damit sie sich um das Kind kümmert. Auf einmal …

Der Titel bringt Bewegung in meinen Traum

Es ist sehr hilfreich, wenn Sie jeden Traum mit einem Titel versehen, der möglichst aus einem vollkommenen Satz besteht und mit einem Verb die Handlung ausdrückt. Damit kommen Sie dem Motiv des Traumes näher, z.B.: Ich *öffne* ein hölzernes Schmuckkästchen. Die Titelsuche regt an, über den Traum nachzudenken, d.h. festzustellen, was passiert. Wenn Sie z.B. von einer Familienfeier träumen, dann empfiehlt es sich, eine Überschrift zu finden, die klar ausdrückt, was Sie dort beobachtet und erlebt haben. Damit heben Sie hervor, was den Traum in Bewegung hält.

Die Titelsuche regt an, über den Traum nachzudenken.

Ein Traum von Michelle macht dies deutlich. Der Titel lautet:

5.8.1995

Unser Jeep kippt um

Zuerst bin ich mit Claude auf einer tropischen Insel, die aber nicht besonders schön ist. Wir sind mit einem geschlossenen Jeep unterwegs. Während Claude etwas zu erledigen hat, warte ich auf ihn. Indessen kippt der Jeep um, aber es gelingt mir, ihn wieder auf die Räder zu stellen. Überall Schlamm. Claude ist nicht entzückt davon. Ich wehre mich gegen seine Vorwürfe und sage, daß es nicht meine Schuld sei, daß das Auto umgekippt und mit Schlamm bedeckt sei.

(Unsere Beziehung ist ambivalent. Sie scheint in der Auflösung begriffen zu sein. Zuneigung und körperliche Anziehungskraft sind noch vorhanden.)

Man könnte natürlich für diesen Traum auch einen anderen Titel finden, z.B. daß Michelle sich gegen die Vorwürfe ihres Freundes wehrt oder daß sie auf Claude wartet. Oftmals wissen Sie intuitiv, mit welchem Titel Sie Ihren Traum schmücken möchten. Beachten Sie nur, daß Sie das mit einem ganzen Satz tun.

Mit welchem Thema befaßt sich mein Traum?

Wenn Sie sich über den Titel Ihres Traumes im klaren sind, können Sie, wenn Sie wollen, tiefer forschen und versuchen, das Thema des Traumes zu finden, das sich wie ein roter Faden nicht nur durch den aktuellen Traum zieht, sondern wahrscheinlich an die anderen anknüpft, die Sie schon geträumt haben oder die noch kommen werden. Jede kleinste Einzelheit im Traum dreht sich um ein bestimmtes Thema. Zusätzlich machen Sie dabei die interessante Feststellung, daß der Traum die gegenwärtige Thematik Ihres Lebens aufgreift. Alles was sich in Ihrem Leben abspielt, dreht sich um einen einzigen Kern, in dem eine Wahrheit steckt, die es zu finden gilt. Wenn Ihnen das gelungen ist, verbessern sich schlagartig Ihre Lebensumstände, vor allem solche, die Ihnen eine Last sind.

Der Traum thematisiert ein bestimmtes Problem.

In Michelles Traum wird das Problem einer Beziehung thematisiert. Der gesamte Traumtext weist drauf hin, daß die Beziehung durch eine Krise geht. Den Höhepunkt, der gleichzeitig einen Konflikt darstellt, findet man bei dem Satzanfang: „*Indessen kippt der Jeep um*" und gleich danach: „*Aber es gelingt mir, ihn wieder auf die Räder zu stellen*", was zunächst eine Entspannung des Konflikts bewirkt.

Auch in Ihrem Traum empfiehlt es sich, nach dem Höhepunkt zu suchen, der nicht unbedingt in der Mitte, sondern bereits am Anfang oder erst zum Schluß zur Sprache kommen könnte. Er zeichnet sich dadurch aus, daß sich die Handlung zuspitzt. Manchmal bleibt die Lage für ein paar Momente angespannt, aber danach sollte sie sich etwas beruhigen. Damit sind zwar nicht unbedingt die Probleme aus der Welt geschafft, aber sie liegen klar „auf dem Tisch". Nun können Sie an möglichen Lösungen arbeiten. Im Hintergrund malen Sie sich immer die beste aus, und wie es sich anfühlt, wenn Sie in dieser neuen Realität leben. Sollten Sie dabei Schwierigkeiten haben, so können Sie vor dem Einschlafen Ihre Traumkraft fragen, wie Sie damit am besten umgehen.

Sind Ihre Probleme klar, können Sie an ihnen arbeiten.

Entwicklung eines Traumes

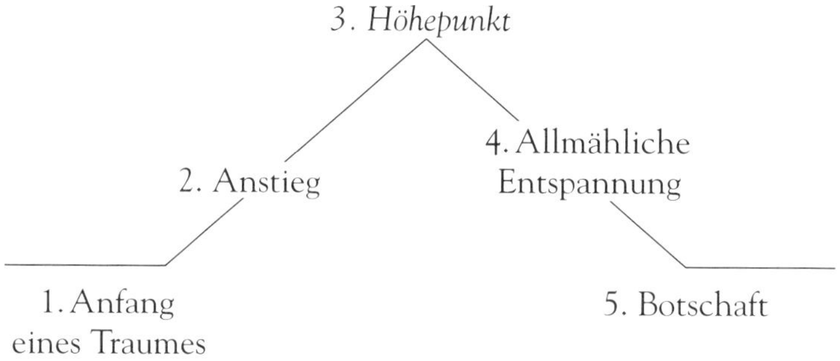

Welche Botschaft vermittelt der Traum?

Michelle stellt den umgekippten Jeep wieder auf die Räder, damit ist angedeutet, daß sie ihrer Beziehung hilft, wieder auf „die Beine zu kommen". Aber sie erfährt auch durch den Traum, daß „Schlamm", „Vorwürfe", „Schuld" und Claudes Abwesenheit einiges an aufklärenden Gesprächen erfordern. Der Schluß bietet eine Zusammenfassung, die auch oft als Botschaft zu verstehen ist.

Überall Schlamm … Ich wehre mich gegen seine Vorwürfe und sage, daß es nicht meine Schuld ist, daß das Auto umgekippt ist.

Der Schluß eines Traumes ist wie das Ende eines Theaterstückes. Darin wird die Absicht, die es während des Spiels gestalterisch darstellte, noch einmal betont, damit das

Ihre Träume sind auf ein Ziel gerichtet.

Erlebte nachklingt und die Botschaft verstanden wird. Auch Ihre Träume sind auf ein Ziel gerichtet, drücken Absichten aus, geben Hinweise, Auskünfte und Botschaften.

Dauernde Hochspannung ist unerträglich

Auch wenn Michelle nicht gerade in einer beneidenswerten Lage ist, so geht es Cybelle im nächsten Traum überhaupt nicht gut, weil der Traum keine symbolische Lösung anstrebt. Plötzliche Unterbrechungen, die ein gefährliches Unternehmen mitten im Raum stehen lassen, weisen oft – wenn auch nicht immer – auf eine Störung hin, die sich nach psychotherapeutischem Verständnis sehnt. Dafür hat sich Cybelle auch geöffnet, so daß sie ihre Vergangenheit aufarbeiten konnte.

Herbst 1992

Im Zirkuszelt hockt die Gefahr

Cybelle befindet sich mit ihrem kleinen Sohn in einem Zirkuszelt. Beide klettern an den Masten und Querstangen bis in die Kuppel des Zeltes. Plötzlich taucht die Mutter der Träumerin auf und beginnt, die Schrauben, mit denen die Masten und Querstangen des Zeltes befestigt sind, systematisch loszuschrauben.
Cybelle erwacht.

Im Zirkus zeigt man, was man kann, manchmal unter Lebensgefahr. Ähnliche Absichten hatte die Träumerin, deren Mutter diese Anstrengungen jedoch nicht zu schätzen weiß; ja, sie sogar zerstören will. Dieser Traum wurde eintönig und ohne Gefühle vorgetragen, was die tragische Entfremdung zum Selbst deutlich macht.
Es sei noch einmal betont, daß gewöhnlich der Traum einen ihm gehörigen Abschluß findet, d.h. auf jeden Fall Gefühle hinterläßt, auch wenn sie unangenehm sind. Ängstlich oder aus einer bedrohlichen Szene aufzuwachen, zeigt Ihnen, daß Sie sich in der Mitte eines wichtigen Prozesses befinden. Laufen Sie nicht weg, untersuchen Sie, was da vor sich geht.

Fragen Sie sich, warum Sie gerade jetzt etwas Schreckliches geträumt haben und was der Traum Ihnen damit sagen will. Entwickeln Sie daraus eine persönliche Affirmation. Sie könnten zum Beispiel auf ein Kärtchen schreiben: „Lieber Traum, ich danke dir, daß du mir das zeigst, was mich schmerzt, damit ich darum kümmern kann." Erinnern Sie sich daran, daß mit der wachsenden Gefahr auch das Rettende wächst.
Wenn das Traumende günstig ist, kommt es in der Realität zu einem klaren guten Ende. Bei komplexen Entwicklungsprozessen wird es damit vielleicht etwas dauern, aber auch nach wenigen Tagen kann sich schon eine Änderung zeigen. Fragen Sie immer Ihre Traumkraft, wie es weitergeht, und erinnern Sie sich an die Fülle, aus der Sie leben.

Sind Sie Hauptdarsteller oder Zuschauer?

Wenn Sie Ihre Traumgestalten unter die Lupe nehmen, werden Sie feststellen, daß Sie manchmal als Hauptdarsteller und dann wieder als Zuschauer in Ihrem Traum auftreten. In beiden Fällen bleiben Sie aber der Mittelpunkt, da Sie die Eigenschaften, die für die Handlung von Bedeutung sind, auf Ihre Traumgestalten projiziert haben.

Sie sind der Mittelpunkt des Traumgeschehens.

Im Traum ist Annie eine Zuschauerin. Sie schreibt ihren Traum in der dritten Person auf.

6.08.1994

Wer ist diese Frau?

Eine blonde junge Frau sitzt am Tisch, um sie herum stehen viele ihrer Freunde. Es ist dunkel, nur die Kerzen auf dem Kuchen leuchten.

Im nächsten Traum ist die Träumerin, Carmen, die Hauptperson. Sie berichtet über sich selbst in der Gegenwartsform. Da sie von sich selbst spricht, ähnelt der Traum einer Ich-Erzählung. Der Titel „Mein zärtlicher Tanz wird skeptisch beobachtet" läßt aufhorchen. Man möchte gleich mehr darüber erfahren.

18.01.1998

Mein zärtlicher Tanz wird skeptisch beobachtet

Helmut und ich tanzen im Freien auf einer Nebenstraße neben meinem Elternhaus. Wir sind ganz verliebt und tanzen eng umschlungen unter einem der Fenster. Plötzlich blickt mein älterer Bruder aus dem Fenster und beobachtet uns skeptisch. Er sagt aber nichts, sondern schaut uns nur zu.

Das Thema, das zwischen den Zeilen deutlich wird, ist Erotik und Sexualität, die von familiären Sanktionen eingegrenzt sind; ein zentrales Thema, das in jeder Kultur, wenn auch unterschiedlich, behandelt wird. Der Höhepunkt tritt ein, als das Tun der Träumerin skeptisch beobachtet wird. Der Tanz geht zwar weiter, man kann am Schluß jedoch davon ausgehen, daß auf seine Unbeschwertheit ein Schatten fällt. Der Traum weist darauf hin, daß Carmen nachforschen kann, was oder wer sie daran hindert, ihre sexuellen Lebensimpulse ungestört zu leben.

Es ist nicht verwunderlich, daß Carmen diese neue Freundschaft nicht weiterverfolgen kann. Im Traum ist die Beziehung, nach der sich die Träumerin sehnt, unter dem Fenster des elterlichen Hauses und den skeptischen Blicken ihres älteren Bruders erfroren. Kritik über sexuelle Bedürfnisse in der Jugend – und nicht nur dann! – ist beschämend und verletzend und sitzt der Träumerin noch tief im Nacken. Wenn Carmen an diesen Einsichten arbeitet, kann sie ihrer nächsten Beziehung zu einer glücklicheren Entwicklung verhelfen, zumal sie lernen kann zu erkennen, wie Sie ihre eigene Liebesszene sabotiert hat.

Der Traum drückt die Wahrheit über eine Lebenssituation aus.

Wie der vergangene Traum zeigt, drückt der Traum immer die Wahrheit über eine Lebenssituation aus, in der man sich zur Zeit befindet. Dabei werden Empfindungen und Stimmungen laut, die der momentanen Gefühlslage entsprechen. Es wird veranschaulicht, wie es wirklich ist, und nicht, wie es das Denken des limitierten Egos gerne hätte. Die Ehrlichkeit, die das Traumbild vermittelt, ist verblüffend.

Traumpause

Manche Träumer könnten sich von der Fülle der nächtlichen Angebote auch überwältigt fühlen; nicht weil sie an den Geschichten nicht mehr interessiert sind, sondern weil sie der Ansicht sind, daß zwischendurch andere Ereignisse mehr Zeit und Aufmerksamkeit bräuchten. Die Träume geben jedoch auch darüber Auskunft, wie mit Zeit, Schlaf, Arbeit und Freizeit effektiver umgegangen werden kann. Wenn Sie sich vom Traumleben etwas erholen möchten, dann lenken Sie einfach Ihre Aufmerksamkeit in eine andere Richtung und schließen Ihr Tagebuch für ein Weilchen.

Persönliche Affirmation

Die Botschaften meiner Träume sind klar und deutlich.

Tägliche Erfahrungen

Welches Thema zieht zur Zeit durch mein Leben?

Trennung oder Neuanfang, Aktivität oder Passivität, Rückzug oder Aufbruch, spirituelle Entwicklung oder materielle Solidität?

Notizen vom Traum und Erwachen

Notieren Sie, welche Rolle Sie im Traum und welche Sie im Leben spielen.

Sind Sie vorwiegend Hauptdarsteller oder Zuschauer, aktiv oder passiv? In welcher Rolle fühlen Sie sich am wohlsten? Möchten Sie daran etwas ändern? Welche Wünsche haben Sie? Welche Vorteile oder Nachteile bringt Ihnen die gewählte Rolle? Welche Erkenntnisse, Stärken und Schwächen entwickeln Sie daraus?

Universale Symbole in Mythen, Märchen und Träumen

Inzwischen haben wir gelernt, daß Sie als Traumautor schon mit wenigen Symbolen eine komplexe Geschichte zu gestalten vermögen, mit denen Sie als Held Ihre persönlichen Erfahrungen zur Sprache bringen können. Wir wissen, daß das Bühnenbild das Motiv oder das Thema Ihres Traumes einläutet, vor dem Ihre Traumgestalten ihr Debüt geben. Auch haben wir erfahren, daß der Gehalt und die Form der Symbole von Ihren jeweiligen Bedürfnissen bestimmt werden. Zusätzlich sind in Ihnen noch andere Symbole aktiv, die wir uns nun näher ansehen wollen.

Universale Symbole reflektieren die Grunderfahrungen aller Menschen

Diese Traumsymbole drücken Erfahrungen aus, die für die Grunderfahrungen aller Menschen stehen und von den Frauen, Männern und Kindern, die in den Tausenden von Jahren vor Ihnen gelebt haben, ebenfalls geträumt und erfahren wurden. Universale Symbole spiegeln also Eigenschaften wider, die allen Menschen gemeinsam sind. Der Lebenskampf mag überall Gefühle von Bedrohung, Angst, Furcht und Hilflosigkeit auslösen. Die Auseinandersetzungen mit Gut und Böse und Geburt und Tod gehören zum kollektiven Gut der Menschheit. Unsere Körperfunktionen unterscheiden sich nicht von denen unserer prähistorischen Vorfahren, und der Körper drückt das aus, was die Seele fühlt. Haß und Liebe, Feindschaft und Freundschaft sind mit der Erschaffung der Menschen in die Welt gekommen.

Mythen, Märchen und Träume sind Quellen der Weisheit.

Geschichten über diese Erfahrungen wurden von Generation zu Generation weitererzählt, so wie Sie Ihren Kindern Märchen erzählen oder von den Heldentaten Ihrer Vorfahren berichten. Mythen, Märchen und Träume, die dem unbewußten Geist entstammen, sind die ursprünglichen

Entdecken Sie Ihren unbegrenzten Reichtum.

Schöpfungen der Menschheit und somit Quellen der Weisheit und der Heilung. Sie sind komplexe Symbole menschlicher Bewußtseinsstrukturen, die den Entwurf enthalten, nach dem wir unser Leben gestalten können. Alles, was Sie brauchen, ist in Ihnen; ein unbegrenzter Reichtum, den Sie dank Ihrer Träume und Einstellungen in Ihr Leben bringen können. Häufig setzt sich der Traum zuerst mit den Konflikten und Schwierigkeiten auseinander, die Sie unnötigerweise in Ihr Leben geschleppt haben. Darüber hinaus will er Ihnen jedoch helfen, die Wahrheit über sich selbst zu entdecken, die besagt, daß Sie der Schöpfer aller Dinge sind und Sie die Möglichkeit haben, Ihre Bewußtseinsstrukturen mit den Vorstellungen Ihrer eigenen Überzeugung auszufüllen. Mit diesem Prozeß geschieht Bewußtseinswerdung. Wenn Sie glauben, daß Ihr Leben einfach und unbeschwert ist, dann wird es auch so sein. Wenn Sie meinen, daß Unglück und Not zum Dasein gehören, dann werden Sie auch das bekommen. Denken Sie darüber nach, wie kreativ Sie Ihr Leben und Ihre Träume gestalten wollen. Die Wirklichkeit der Welt ist abhängig von der Vorstellung, die Sie darüber haben, und ist so, wie Sie sie sehen. Denken Sie daran, daß in Ihrer Tiefe eine absolute Stille, ein unveränderbares Sein, ein Licht, ein Logos existiert, aus dem Sie und Ihre Träume immer wieder neu geboren werden.

Es gibt keine Grenzen

Im Laufe unserer weiteren Traumarbeit werden wir gemeinsam untersuchen, wie der Traum mit dem Mythos und Märchen verknüpft ist. Auch sie sind Träume, die von einzelnen geträumt und zur Geschichte eines ganzen Volks wurden. In ihnen wird von den Schöpfungsgeschichten und der Evolution der Völker berichtet, die uns zeigen, wie wir uns in dieser Welt und im sozialen Gefüge des täglichen Lebens zurechtfinden. Inmitten des Spannungsfelds des von Gefahren umwitterten menschlichen Daseins kristallisieren sich außergewöhnliche Kräfte, die, sobald man ihnen vertraut, aus der Seele aufsteigen und aktiv werden. Obwohl die Mythen und Märchen immer wieder aufs neue das gleiche erzählen, das nur in andere Gewänder gekleidet und mit fremden Namen geschmückt ist, bleiben sie spannend und aktuell. Denn ihre Gestalten, Ereignisse und Themen sind die psychischen Aspekte Ihrer Persönlichkeit, die in Ihren Träumen wieder lebendig werden. Sobald Sie sich mit den Mythen Ihres eigenen Kulturkreises oder denen anderer Völker befassen, vielleicht die eine oder andere Geschichte nachlesen oder sich darüber unterhalten, werden die Symbole in Ihren Träumen umfangreicher, so als ob der Traum dann in vielerlei Zungen reden könnte. Je mehr Sie sich mit ihnen anfreunden, um so phantastischer wird Ihre Traumwelt und um so hilfreicher die Gestalten, die darin zu Hause sind. Im Laufe der Traumschulung werden Sie immer interessierter den nächtlichen Ereignissen beiwohnen wollen. Gelassen sind Sie vielleicht Zeuge Ihrer eigenen Beerdigung und enttäuscht, wenn Sie beim Aufwachen an der Fortsetzung dieses Geschehens gehindert werden. Es ist einfach befreiend zu erfahren, daß es im Traum keine Richter, Verurteilte und Henker gibt. Der Traum ist wert- und kritikfrei. Er zeigt uns vorurteilslos ein Bild über uns selbst. Wenn es darauf ankommt, wird er eine Szene so oft wiederholen, bis wir uns zur Lösung eines Problems entschlossen haben.

Der Traum ist wert- und kritikfrei.

Märchen, Mythen und Träume erzählen die gleiche Geschichte

Wenn Sie einmal eine märchenhafte oder mythische Geschichte zur Hand nehmen, werden Sie feststellen, daß sie, so wie der Traum, eine symbolische Sprache sprechen und auch in ihrer Struktur und ihrem Stil dem Traum sehr ähnlich sind. Man kann sie sogar leicht miteinander verwechseln.

Der Traum ist eine Selbsterfahrung. Wenn Sie auf die Siege und Niederlagen Ihrer Vorkämpfer zurückgreifen, können Sie sich mit ihnen beraten. Die vorübergehende Identifika-

Eine Heldentat ist eine psychische Leistung.

tion mit dem Heldenepos ermöglicht unbewußt die Auseinandersetzung mit Schwierigkeiten, die aus der totalen Ohnmacht in die Akzeptanz, Hoffnung und Ruhe führen. Ein von Krebs betroffener junger Mann setzte sich vor seinem Tod immer wieder mit Erzählungen der letzten Tage in Stalingrad, kurz vor dem Ende des Zweiten Weltkriegs, auseinander. Das Inferno war dem, was er durchlebte, sehr ähnlich. Vielleicht hat er die dort eingeschlossenen Soldaten, auch Heldengestalten, zu seinen Verbündeten gemacht. Es ist zu hoffen, daß er in seiner Todesfurcht, die ihm noch nicht bewußt war und der er erst recht keine Sprache geben konnte, nicht völlig allein war.

An den folgenden Vergleichen werden wir sehen, wie Märchen und Traum einem zwölfjährigen Mädchen, das wir Daniela nennen, halfen, mit einer schwierigen Situation umzugehen. Ihr Bruder hatte sich beim Herumklettern auf einem Gerüst eine lebensgefährliche Kopf- und Nackenverletzung zugezogen. Der Junge lebte seinerzeit in Saudi Arabien, und die Familie bangte um sein Leben. In den langen Nächten, die Daniela erlitt, las sie immer wieder das folgende Märchen, dessen Grausamkeit ihre seelische Not widerspiegelte:

Der Hexenmeister und das Mädchen

„... in einem blutigen Becken lagen tote zerhauene Menschen;
daneben lag ein Holzblock, ein blinkendes Beil darauf.
Der Hexenmeister warf [das Mädchen] nieder,
schleifte es an den Haaren hin, schlug ihm das Haupt auf
dem Block ab und zerhackte es,
daß sein Blut auf dem Boden dahinfloß.“

Das Märchen erzählt dann weiter, wie es der klugen Schwester des zerstückelten Mädchens gelingt, den zerstörten Körper wieder zusammenzusetzen. Abgesehen davon, daß sich Daniela mit der Heldin des Märchens solidarisch verbunden und sich weniger allein fühlte, arbeitete sie vielleicht unbewußt an tieferen Erkenntnissen und Wahrheiten, z.B. daß trotz Krankheit und Not neues Leben möglich ist. Man kann sich vorstellen, wie sie an den Märchenworten hing, um die Hoffnung auf die Gesundung ihres Bruders nicht zu verlieren. Zwei Tage später hatte sie folgenden Traum:

5. 07. 1978

Die Hexe mit den roten Augen

Ich sehe eine garstige Hexe mit roten Augen, die nach meinem Bruder greift. Verzweifelt versuche ich, ihn ihren Klauen zu entreißen, aber ich komme nicht an sie heran.
Voller Angst wache ich auf, renne ins Zimmer meines Vaters und erzähle ihm meinen Traum. Zuerst tröstet er mich, aber dann weint er, so daß ich nicht weiter über meinen Traum spreche, obwohl ich es gerne getan hätte.

Im Zusammenhang mit den Todesängsten, die unsere Helden ausgehalten haben, erinnern wir uns an den Osiris-Mythos.

Tod und Wiedergeburt

Osiris wurde von seinem Bruder zerstückelt und über das ganze Land verstreut.
Aber mit großer Liebe suchte Isis, seine Gemahlin und Schwester,
seine Körperteile wieder zusammen.
Damit wurde Osiris ewiges Leben geschenkt.

Traum und Wirklichkeit sind Realitäten auf verschiedenen Bewußtseinsebenen.

Leben und Tod, Traum und Wirklichkeit gehören zusammen. Manchmal weiß man beim Aufwachen oder mitten im Traum nicht, ob man träumt oder wacht. Und so manches Mal wünscht man sich, wenn sich die Ereignisse überstürzen, daß man, ach, nur träumen würde. Dann aber ist man auch oft erleichtert, daß es „nur" ein Traum gewesen ist. Inzwischen wissen Sie schon, daß die Realität eines Traumes nichts an Energie verliert. Träume, Mythen und Märchen und Wirklichkeit existieren nebeneinander, und ihre Symbole sind austauschbar. Sie zeigen uns die Sonnen- und Schattenseiten unseres Lebens, beide gehören zusammen.

Durch die Dunkelheit zum Licht

Jede Traumerkenntnis ist Selbsterkenntnis.

Um ins Licht zu gelangen, müssen wir uns zuerst durch die Dunkelheit wagen; um von der Angst befreit zu sein, müssen wir durch sie hindurchgehen; um wirklich leben zu können, müssen wir den Tod erfahren. Solange Sie in der Dunkelheit leben, wissen Sie nicht, wer Sie sind. Es wird Ihnen so ergehen wie dem Raben, der in einer dunklen Höhle haust und nicht weiß, daß er ein Mensch ist. Mit jedem Traum, an den Sie sich erinnern, erweitern Sie Ihr Selbst-Bewußt-Sein. Indem der Traum erkannt wird, erkennen Sie sich selbst. Dieses Bewußtsein ist das Bewußtsein Gottes, das jeder Mensch in sich trägt. Sobald Sie den Traum ans Licht bringen, scheiden Sie ihn und sich selbst von der Finsternis. Die Schöpfungsgeschichten der Menschheit sind ein leuchtendes Beispiel dafür.

Schöpfungsmythos

„... und es war finster auf der Tiefe.
Und der Geist Gottes schwebte auf dem Wasser.
Und Gott sprach: Es werde Licht! Und es ward Licht."

Wenn wir in der Mitte hängen bleiben, erleben wir den Alptraum. Er wiederholt sich so lange, bis wir den Mut haben, der Angst und der Furcht zu begegnen. Für manche ist es eine Anstrengung, das Licht von der Finsternis zu trennen. Unsere Helden haben das gewußt.

5.5.1994

Das goldene Licht

Als ich zum Fenster hinaus in die Tiefe schaue, sehe ich ein goldenes Licht, es ist grenzenlos. Ich bin gefesselt von der unbeschreiblichen Schönheit.

Lieblingsmärchen und Heldenmythen

Sie haben bestimmt auch ein Lieblingsmärchen oder einen spannenden Heldenmythos, von dem Sie sich persönlich angesprochen fühlen. Sie wissen schon, daß sie symbolisch Ihre Kümmernisse und Geheimnisse widerspiegeln, die auch von dem Helden des Märchens oder des Mythos erlebt wurden. Die konstruktive Bewältigung seines Geschickes bestätigt Ihnen, daß Sie nicht allein auf Ihrem Weg sind. Es ist deshalb nicht verwunderlich, daß Sie Ihre Lieblingsgeschichten als Kind immer gern gehört haben und sich auch heute noch daran erinnern, so als ob darin die Antwort zum Thema Ihres Lebens vergraben liege. Wenn Sie es zum Beispiel mit einem Geschwisterstreit zu tun haben, der als symptomatisches Grundthema gegensätzlicher Pole so angelegt ist, daß er auf Lösungen zustrebt, wird es Ihnen an literarischen Beispielen nicht mangeln. Wie wäre es, wenn Sie vor dem Einschlafen Ihre Lieblingsgeschichte noch einmal lesen? Vielleicht ist jemand in Ihrer Nähe, der sie Ihnen vorliest und Sie damit in den Schlaf begleitet?

In Ihren Lieblingsgeschichten liegt das Thema Ihres Lebens begraben.

Persönliche Affirmation

Ich werde immer wieder neu geboren.

Tägliche Erfahrungen

An welches Lieblingsmärchen oder welchen Heldenmythos erinnere ich mich?

Lesen Sie das Märchen oder den Mythos noch einmal und überlegen Sie, in welchem Bezug sein Inhalt zu Ihrem Leben steht. Welche Probleme werden darin angesprochen? Sind solche auch in Ihren Träumen oder in Ihrem Leben erschienen? Haben Sie diese auf Ihrem bisherigen Lebensweg bereits bewältigen können?

Notizen vom Traum und Erwachen

Malen Sie Ihren eigenen Schöpfungsmythos.

Versetzen Sie sich in eine meditative Stimmung, und versuchen Sie, sich mit Ihrem Inneren zu verbinden. Erlauben Sie, Bilder aufsteigen zu lassen, die mit einem beliebigen Zeitraum vor Ihrer Geburt zu tun haben, oder visualisieren Sie Ihre Niederkunft als die eines göttlichen Kindes. Nehmen Sie ein großes Blatt Papier oder arbeiten Sie an einer Staffelei, an die Sie immer wieder zurückkehren können.

Wenn Ihnen Ihre Schöpfung nicht gefällt oder Ihrem Kind nach mehr Göttlichkeit verlangt, so zögern Sie nicht, Ihren Mythos im Licht erstrahlen zu lassen.

Wie verhalten sich die Tiere in Ihren Träumen?

Die Tiere in unseren Träumen sind Ausdruck unseres innersten Wesens. Außerdem stehen sie für unsere Lebensenergien und Lebensimpulse, so wie für unseren Wunsch auf Selbstentfaltung. Wenn diese potentiellen Eigenschaften nicht anerkannt, sondern übergangen und unterdrückt werden, verwandeln sie sich in eine Energie, die unmenschlich wird. Im schlimmsten Fall kann sie sich symbolisch in eine Horde wild rasender Tiere ausbreiten. Je gefährlicher die Tiere, um so unbewußter sind die zurückgedrängten Impulse und um so notwendiger ihre Bewußtseinswerdung. Verwundete Tiere zeigen unsere seelischen oder körperlichen Verletzungen. Wenn sie mißhandelt werden, sind sie Zeugen der Verachtung unserer Kreatürlichkeit. Dieses Leid wird häufiger aufgebürdet, als sich dem Wagnis zu stellen, eigene Potentiale zu leben.

Verwundete Traumtiere zeigen Ihre Verletzungen.

Es ist aber nicht ungewöhnlich, daß sich so mancher Träumer von Monstern oder Tieren verfolgt fühlt, in halsbrecherischer Flucht durch den Traum rast, wie angewurzelt im Nichts steckenbleibt oder in tiefe Abgründe stürzt, um seinen Angreifern zu entfliehen. Sehen Sie die Tiere im Zusammenhang mit dem gesamten Traumbild, den Gefühlen, die dazu auftauchen, Ihrer momentanen Lebenssituation und Ihren wichtigsten Fragen. Sie werden die Tiere auftreten lassen, die am besten eine beabsichtigte Botschaft zu vermitteln wissen. Entweder kommen Ihnen die Tiere zu Hilfe, sogar als Zauberkraft, wenn Sie nicht mehr ein noch aus wissen oder Sie es versäumt haben, persönliche Krisen und Gefahren in Ihrem Leben ernst zu nehmen. Frauen träumen übrigens mehr von Säugetieren als Männer; vor allem von Katzen – auch den großen, die das Feminine und Intuitive hervorheben. Sie erleben das Tier häufig als Aggressor. Männer werden in ihren Träumen häufig von Vögeln und Reptilien besucht, aber auch von

Stieren, Elefanten oder Hunden, die das Maskuline betonen. Um ihren Symbolen näherzukommen, hilft es, sich mit dem natürlichen Verhalten der Tiere vertraut zu machen. Besuchen Sie einen Zoo, beobachten Sie die Tiere im Freien oder lesen Sie ein paar Tiergeschichten.

Viele Tiere, deren Gattung viele Tausende von Jahren alt ist, wie Hase und Igel, Biene oder Schildkröte, Hund oder Katze, Ziege oder Reh, sind häufig Vermittler von Traumbotschaften. Sie unterstreichen damit die Wichtigkeit ihres Anliegens und unsere Verbindung zum kosmischen Bewußtsein. Tierfabeln und Märchen sind eine hervorragende Quelle personifizierter Tiere, die dort wie im Traum die Wahrheit vor sich hertragen. Auch in den Mythen nehmen sie eine besondere, oft ehrwürdige, Position ein. So sind viele Tiere in eine reiche Kultur von Memoiren eingebettet, die als Schlüssel Ihrer Traumdeutung dienen.

Im folgenden werden wir ein paar Tiere bitten, über ihre grundsätzlichen Absichten und ihr Befinden in Notsituationen zu „sprechen". Die Beispiele möchten Ihnen zeigen, wie Sie sich auf das Erscheinen der Tiere in Ihrem Traum einen Reim machen können und daß in der Würdigung ihres grundsätzlichen Charakters ihre Symbolik verständlich wird. Unser Ahnen darum entstammt den unbewußten Quellen unserer Bewußtseinsstrukturen, die im vorhergehenden Kapitel erwähnt wurden. Trotzdem gibt es Tiere, die in Ihren Träumen nichts zu suchen haben, die verbrannt oder vernichtet werden müssen, damit Sie als Held Ihres Traumes in Ihrer Entwicklung vorankommen. Schließlich wollen wir auch die sexuellen Aspekte unseres Lebensimpulses nicht verschweigen. Tiere, die fliegen können, werden wegen ihrer transzendenten Botschaften im Ätherelement berücksichtigt. Schließlich wollen wir sehen, welche Geschenke uns die Tiere machen wollen, da der Träumer über sein traumatisiertes Tier emotionale Heilung erfährt.

Sobald Sie sich um Ihr traumatisiertes Tier kümmern, heilen Sie sich selbst.

Hilfreiche Tiere eilen herbei

Im Traum sprechen, lachen, weinen und verwandeln sich die Tiere in allerlei Gestalten. Achten Sie darauf, ob sie zu Ihnen sprechen, da in ihren Worten eine große Wahrheit steckt. Es empfiehlt sich, zuerst den Wortlaut des Gesagten zu notieren, ehe Sie den ganzen Traum aufschreiben.
Beginnen wir mit einem sprechenden Gorilla, der vor vielen Jahren plötzlich vor mir stand. Er kam zu einer Zeit, als ich mich für viele Veränderungen in meinem Leben entschieden hatte und von so manchen Zweifeln geplagt war.

11.9.1984

Der sprechende Gorilla

An einer Wegkreuzung begegne ich einem riesengroßen Gorilla. Er scheint auf mich gewartet zu haben. Als wir uns ansehen, sagt er: „Ich bin dein Freund." Ein „höheres Wissen" steht in seinen ruhigen Augen geschrieben, das mir neuen Mut gibt und mich hoffen läßt, daß sich meine Geschicke zum Guten wenden.

Es sind vor allem die Augen eines Traumtiers, in denen sich eine innere Welt auftut. Sie zeigen erstaunliche Objektivität, spirituelle Intelligenz, sogar kosmisches Bewußtsein. Schon die Urvölker wußten, daß sie in den Seelen der Tiere ihren Schutzgeist finden. Ein indianischer Mythos sagt, daß sie Gott näher stehen als die Menschen.

Machen Sie das Tier zu Ihrem Freund.

Das leidende Tier ist Ausdruck einer verwundeten Seele

Schmerzen, die beißend scharf sind, sind nicht zu übersehen. Migräne-Betroffene berichten nicht selten, wie sie im Traum von übergroßen unheimlich wirkenden Tieren geplagt werden. Eine von ihnen träumte von dem abgetrennten Kopf einer Kuh, deren Augen sie anstarrten. Die Vernachlässigung elementarer Bedürfnisse, die einleitend erwähnt wurde, drückt sich in den folgenden Beispielen aus.

6.8.1994

Mein Tiger bedroht mich mit seiner Wildheit und Einsamkeit ... In diesem alten Haus ist mein Tiger am gefährlichsten. Manchmal rufe ich ihn und streichele sein schönes Fell, aber letzten Endes wird seine Wildheit zu gefährlich und droht, mich zu zerreißen. Oft kann ich mich erst in letzter Sekunde vor ihm retten. Aber er tut mir leid, weil er so einsam ist und sich keiner um ihn kümmert ...

Tiere symbolisieren Ihre Wünsche.

Der Tiger hat eine Eigendynamik entwickelt, die kaum zu kontrollieren ist. Als sich die Träumerin einem lang ersehnten Wunsch widmet, fühlt auch er sich in die Freiheit entlassen.
Wie verhalten sich Wölfe in ihrem Habitat, wie in Ihren Träumen? Am besten wäre es, wenn sie überhaupt nicht erscheinen würden. In der Natur kommen sie nur dann in Menschennähe, wenn sie nichts mehr zu fressen haben, somit klagen sie im Traum existentielle Notstände an. Im Märchen gelten sie häufig als Bösewichte.
Der Löwe ist für Kraft und Mut bekannt. Er versucht, sich im herrschaftlichen Gehabe seiner Vormachtstellung unter den Tieren hervorzutun. Sein Erscheinen verspricht aktive Lebensgestaltung und Großzügigkeit, aber auch, daß man es mit ihm nicht zu weit treiben sollte.
Abschließend verweist ein Löwenkind die Träumerin auf ein körperliches Symptom.

4.11.1995

Das verletzte Löwenkind

Ich sehe einen kleinen Löwen kläglich weinend auf der Straße stehen. Er weint wie ein Baby ... Seine linke Körperseite trägt einen Verband ...

Die Träumerin hat auch von einem sprechenden Pferd – ein bekanntes Symbol aus den Märchen und Mythen – noch ein paar brauchbare Ratschläge erhalten. Das Pferd drückt starke Lebensimpulse und persönliche Energie aus.

Die Sehnsucht nach der Erlösung

Ihre Problemtiere bitten um Ihre Hilfe.

Von Krankheit und Schmerz, Kummer und Leid befreit zu werden, ist die große Sehnsucht des Menschen. Ihre Traumtiere zeigen Ihnen nicht nur die Ursache Ihrer Probleme, sondern auch die Möglichkeiten, wie Sie aktiv an der Lösung mitarbeiten können. Ein einziges Tier mag in verschiedenen Gestalten oder Verkleidungen erscheinen. Für jeden Träumer bedeutet es etwas anderes. Was immer es jedoch tut, seinem eigentlichen Charakter wird es dabei treu bleiben.

Diese Behauptung wollen wir am Beispiel eines Bären untersuchen. Ihm werden weibliche und mütterliche Elemente zugeschrieben. Man spricht z.B. von Mütterchen Rußland und Artemis, eine Muttergöttin, wurde in der Bärin verehrt. Wir können beobachten, daß eine Bärin ausgesprochen fürsorglich und liebevoll mit ihren Kleinen umgeht. Als Kuscheltier mag es kurz über die Abwesenheit einer Mutter hinweg trösten.

Hilary, die, wie ihre Mutter und Großmutter vor ihr, mit ihren weiblichen Verwandten zusammenlebt, träumt häufig von Bären. Durch die Geburt ihres Sohnes ist sehr viel Unruhe in die Frauengemeinschaft gekommen. In ihren Träumen geht es darum, das Gewicht mütterlicher Attribute zu Gunsten der männlich-väterlichen zu verlagern, um diese vergessenen Energien aus ihrer Verbannung zu erlösen.

Es erging Hilary nicht anders als Schneeweißchen und Rosenrot, die harmonisch mit ihrer Mutter zusammenleben. Das fehlende männliche Prinzip wird überhaupt nicht vermißt, bis eines Tages der in einen Bären verwunschene Königssohn das psychologische Dilemma korrigiert. Verkleidet schleicht er sich in das weiblich dominierte Bühnenbild hinein, so als ob er dazugehöre. Er weist Schneeweißchen und Rosenrot auf den Mangel hin, wozu sich auch der kleine Sohn von Hilary berufen fühlt.

Ein anderes Mal erscheint ein Bär als Monster in dem immer wiederkehrenden Alptraum eines kleinen Jungen, der sich im Schlaf von ihm terrorisiert fühlt. Man kann nach diesem Diskurs vermuten, daß er von der Übermacht seiner eigenen Mutter oder der Vorstellung, die er von ihr hat, in die Panik getrieben wird. Der arme Bär, der von der Angst des Kindes lebt, sehnt sich genau so wie dieses nach seiner Befreiung.

Indem Ihnen etwas bewußt wird, erfahren Sie Ihre eigene Autonomie.

Der nächste unglückliche Tier-Prinz läßt uns durch seinen Helden sagen, daß wir in der Bewußtwerdung unserer eigenen Autonomie unsere Rettung erfahren. Im wesentlichen ohne fremde Hilfe zurechtzukommen und alt gewordene Gewohnheiten und überlebte Prinzipien loslassen bedeutet Erlösung.

Erlöse mich

„... du hast nun alles, was du dir wünschen kannst,
aber mit meinem Unglück will es kein Ende nehmen,
und es steht doch in deiner Macht, mich zu erlösen.
Und er bat ihn abermals flehentlich, ihn zu erschießen
und ihm Kopf und Pfoten abzuhauen.
Und als das geschah, wurde aus dem Fuchs ein Mensch,
der Bruder der schönen Königstochter,
der endlich von dem Zauber, der auf ihm lag, erlöst war.“

Im Erschießen wird im Märchen das geändert, was seine Nützlichkeit verloren hat und der Entwicklung im Wege steht. Dazu müssen noch der Kopf, der für das Denken, und die Pfoten, die für das Handeln verantwortlich sind, abgeschlagen werden, damit sie nicht die Illusion aufrechterhalten, doch noch etwas – im alten Sinne – bewirken zu müssen. Deshalb erschrecken Sie nicht, wenn Ihnen Ähnliches im Traum geschieht; im übrigen werden Ihre Gefühle Sie eines Besseren belehren.

Nicht alle Tiere sind bei uns willkommen

Bislang haben wir davon gesprochen, wie uns die Weisheit der Tiere bei unserer Lebensbewältigung hilft, neue Erkennt-

nisse vermittelt, verschüttete Lebensimpulse freisetzen oder verletzte heilen will. Nun kommen wir zu den Tierarten, von denen wir uns so schnell wie möglich befreien müssen, weil ihre Anwesenheit im Zusammenhang mit körperlichen, psychischen oder emotionalen Störungen steht.
Zu diesen Tieren gehören Würmer und Insekten; meistens Parasiten, die von anderen leben, sie zu Opfern machen, wenn ihnen nicht das Handwerk gelegt wird. Umherschwirrende Libellen ringen mit der Unruhe, die sich im Inneren ausbreitet, und bei Spinnen sollte man auf der Hut sein, wem man ins Netz gegen könnte. Aufgescheuchte und wild umherkrabbelnde Ameisen werden auch nicht gerne gesehen. Sie zeigen, daß psychische Elemente in der Auflösung begriffen sind, die sich eventuell in einer geistigen Störung zeigen könnten. Meistens sind einem solchen Traumbild immense Streßsituationen vorausgegangen. Sofortige Interventionen sind dann wirklich vonnöten.

Selbstbewußtsein und Durchsetzungskraft zeigen sich im Traum.

Wir wollen nun sehen, wie das Selbstbewußtsein und die Durchsetzungskraft der nächsten Träumerin über das Wohl und Wehe ihrer körperlichen und psychischen Gesundheit entscheidet. Marcella, deren rechtes Auge von einer Linsentrübung befallen ist, entscheidet sich im Traum, an ihrer Gesundung aktiv mitzuwirken.

9.8.1995

Wütend schleudere ich den Wurmhaufen auf den Boden

Auf einer Reise entdecke ich am rechten oberen Augenlid ein Hautläppchen, das sich als Regenwurm entpuppt. Ich ziehe einen Wurm nach dem anderen heraus. Sie sind lebendig, aber sie kriechen nicht weg, sondern bleiben alle auf einem Haufen liegen. Als ich alle herausgezogen habe, wende ich mich dem anderen Auge zu, aber da sind keine Würmer. In einem heftigen Wutanfall schleudere ich den Wurmhaufen auf den Boden und entscheide mich, die Reise abzubrechen und meinen Arzt aufzusuchen. Die Regenwürmer packe ich in eine Plastiktüte. Sie fühlen sich kalt an, und manche sehen aus wie Hackfleisch. Ob das vom Runterklatschen kommt?

Die Regenwürmer kriechen nicht weg und werden in der Plastiktüte gefangengehalten, was darauf schließen läßt, daß Marcellas psychische Struktur stabil ist. Schließlich bekräftigt die Träumerin, daß sie sich die Invasion der Würmer, d.h. ihre Augenerkrankung, nicht gefallen läßt. Bereits im Traum entscheidet sie sich, ihren Arzt aufzusuchen.

Magische Fische und Frösche

In Märchen, Mythen, Träumen symbolisieren Frösche, Fische und auch Kröten sexuelle Impulse. Die Märchenprinzessin, die jetzt auftritt, muß sich mit der Doppelnatur der Sexualität, die beides, Ekel und Ekstase, enthält, anfreunden. Sie muß sich ihrer negativen sexuellen Gefühle zuerst bewußt werden, ehe sie die positiven leben kann. Als die Prinzessin den Frosch so wenig abschütteln wie sie ihrer eigenen sexuellen Entwicklung ausweichen kann, wird er in seiner Aufdringlichkeit noch deutlicher. Und als er zu ihr ins Bett steigen will,

„ward sie bitterböse, [hob ihn auf] und warf ihn aus allen
Kräften wider die Wand:
Nun wirst du Ruhe haben, du garstiger Frosch."

Indem sie ihren Abscheu vor der Sexualität an die Wand knallen, dort belassen und die Freude daran behalten kann, wird sie in die Lage versetzt, „die Hochzeit in großer Pracht zu feiern". Das ist der symbolische Ausdruck ihrer persönlichen und sexuellen Reife, denn aus dem garstigen Frosch wird ein wunderschöner Prinz.

Erleben Sie das Mysterium magischer Wunscherfüllung.

Der Wunsch nach einem Kind ist dann auch nicht mehr fern. Die Realität zeigt, daß für Helena damit ein Traum in Erfüllung geht:

5.1.1991

Helena knallt den Karpfen auf die Erde

Helena fühlt sich im Traum an eine tiefe klare Quelle versetzt, wo sie einen riesigen Karpfen entdeckt. Als sie ihn fangen will, wehrt

er sich heftig. Da er so glitschig ist, knallt sie ihn auf die Erde, damit er nicht „wegläuft".

Es ist entscheidend, daß der Karpfen nicht entwischt. Diese Symbolik ist uralt und beinhaltet das Mysterium magischer Wunschvorstellung und Wunscherfüllung, die wir oft bei Kindern belächeln. Aber tatsächlich gibt es, wie uns die Träume, Märchen und Mythen mit ihrem Zauber unablässig zeigen, in unserem Inneren eine Schatztruhe, die uns alles das schenkt, was wir brauchen.

Schlangen können gefährlich werden

Für die bisherigen Situationen ist das aggressive Vorgehen der Helden genau die richtige Verhaltensweise, damit er auf seinem Weg vorankommt. Mit Schlangen wird bisweilen auch nicht sanfter verfahren. Die Heldentat, also eine psychische Leistung, zu der der Träumer aufgerufen wird, hängt von seinem Entwicklungsstand und dem Aussehen und Verhalten der Schlange ab. Asklepios und Moses trugen den Stab mit der sich nach oben windenden Schlange als Symbol einer heilenden Kraft. Manche Schlangen sind falsch, andere sind klug. Ihre Häutung ist eine Metapher für Transformation. Wenn wir uns aus der Selbstzufriedenheit herausschälen, das Alte ablegen, Neues anlegen, ist das Auftauchen von Schlangen ein gutes Omen.

Durch das traumatisierte Tier zur Heilung

Verstörte Tiere rauben Ihnen lebensnotwendige Energien.

Wenn wir unsere verstörten Tiere, die das Sinnbild unserer traumatisierten Gefühle sind, heilen wollen, müssen wir die passive Rolle zu Gunsten einer aktiven Rolle aufgeben. Solange das nicht geschieht, rauben sie uns lebensnotwendige Energien. Sie nähren sich von der Angst, die wir vor der Selbstverantwortung haben, unser Leben in Unabhängigkeit und Freiheit zu leben. Die Tiere haben keinen sehnsüchtigeren Wunsch als von der Verantwortung, uns auf unsere

Unselbständigkeit aufmerksam zu machen, befreit zu werden. Das gilt auch für alle Personen, mit denen Sie eine Abhängigkeit verbindet. Wenn das geschieht, können wir die eingesperrten Energien erlösen und sie für die Realisierung unserer schönsten Träume einsetzen.

Persönliche Affirmation

Ich respektiere meinen Wunsch auf Selbstentfaltung.

Tägliche Erfahrungen

Ich heile meine verletzten Gefühle.

1. Ändern Sie in bildnerischer Gestaltung den Charakter eines bedrohlichen Tieres. Zum Beispiel: Der bissige Hund wird zum Freund, die giftige Schlange zur heilenden Kraft oder ein wildes Raubtier zum Hüter Ihres Schlafes.
2. Führen Sie eine imaginäre Unterhaltung – verbal oder schriftlich – mit einem aggressiven Traumtier. Wenn Sie sich bewußt sind, daß Sie träumen, fliehen Sie nicht vor der Gefahr. Drehen Sie sich um, blicken Sie ihr ins „Gesicht“ und fragen Sie: Wer bist du? Was willst du von mir? Wer bin ich in deinen Augen?
3. Mit Tieren, die Ihnen besonders viel Angst machen, können Sie sich Schritt für Schritt vertraut machen. Ein Dokumentarfilm, ein Zoobesuch oder eine Safari (auch nur in Ihrer Vorstellung) verhelfen Ihnen zu einer Desensibilisierung; dabei wird die Angst allmählich abgebaut.
4. Anstatt vor Ihrem Tier davonzulaufen, können Sie es fangen, streicheln, füttern und pflegen.
5. Tanzen oder spielen Sie mit Ihrem Tier-Biest. Lesen Sie ein Märchen dazu, und lassen Sie sich von seiner Heldin beraten.
6. Versuchen Sie, das Verhalten Ihres Traumtiers dramatisch auszuagieren. Betonen Sie dabei die positiven Gegenpole.

Notizen vom Traum und Erwachen

Notieren Sie, welche Erfahrungen Sie mit diesen Übungen machen.

Entdecken Sie Ihre unbekannten oder versteckten Bedürfnisse? Ändert sich das Verhalten Ihrer Traumtiere? Welches Tier wird Ihnen zum Freund?

Aktivieren Sie die Energien der fünf Elemente

Die Liebe ist die Grundlage aller Existenz;
wenn Sie davon genug haben,
fehlt es Ihnen an nichts.

Alle Elemente erscheinen in Ihren Träumen

Alle Elemente sind ständig in Bewegung.

Ohne Erde, Wasser, Feuer, Luft und Äther gäbe es kein Leben und keine Träume. Deshalb ist es nicht verwunderlich, daß die fünf Elemente und ihre Symbole zum Handwerkzeug Ihrer Traumgestaltung gehören. Die Erde steht für das mütterliche Prinzip, Ihr Ur-Vertrauen und für Ihre Existenz. Das Wasser befindet über Ihre Emotionen und Ihre weiblichen (Yin) Eigenschaften, und das Feuer signalisiert die psychischen Energien, die in Ihnen aktiv sind. Die Luft befaßt sich mit dem Prinzip des Logos, d.h. der Fähigkeit, zu denken und Entscheidungen zu fällen. Sie hat mit den männlichen (Yang) Aspekten Ihrer Persönlichkeit zu tun. Das Ungleichgewicht von Yin und Yang führt zu Störungen, auf die uns der Traum in nie müde werdender Anschaulichkeit aufmerksam macht. Zum Abschluß dieses Kapitel werden wir uns mit dem Element des Äthers befassen und sehen, von welch „himmlischen" Kräften Sie umgeben sind. Dieser Schutz ist dringend notwendig, da alle Grundelemente eine Doppelbedeutung haben: Sie sind lebenserhaltend und zerstörerisch zugleich.

Das Zusammenspiel der Elemente ist eine ständige Aufforderung zum Tanz, der Sie sich nicht entziehen können. Je gelassener Sie sich auf ihre Schwingungen einlassen, um so lebendiger werden Sie sich fühlen. Ihr Körper besteht nämlich aus diesen fünf Elementen, von denen Sie gleichermaßen umgeben sind und die sich gegenseitig beeinflussen. Alles ist miteinander verbunden, so daß Grenzen gegenstandslos werden. Überhaupt ist die ganze Materie „nur" Energie, die ständig in Bewegung ist und die sich selbst und alles andere durchdringt.

Entdecken Sie Ihre mütterlichen Symbole im Element der Erde

Die Erde stellt die mütterlichen Aspekte in Ihren Träumen dar. Wir erinnern uns, daß in Materie das lateinische Wort mater steckt, was Mutter heißt. Die Erde im Traum und die damit verbundenen Symbole zeigen uns, wie es um unseren Reichtum bestellt ist, der als fruchtbare und lebenserhaltende Kraft in und um uns herum wirksam ist. Es ist ein wunderbares Erlebnis, den mütterlichen Urenergien näher zu kommen. Falls sie einem Dornröschenschlaf zum Opfer gefallen sind, können Sie sich so wie ich beim Schreiben eine Schale Erde – frisch aus dem Garten, Feld oder Wald geholt – neben sich stellen oder ein paar Erdkrümel in einem Säckchen als Amulett um den Hals tragen.

Fühlen Sie sich mit der Erde verbunden.

Die Erde praktisch und meditativ zu erfahren hilft, sich der Elemente des eigenen Körpers und dessen spiritueller Kraft bewußt zu werden. Wie riecht Ihre Erde, wie riecht Ihr Körper, was empfinden Sie dabei? Welche Gerüche nehmen Sie in Ihren Träumen wahr? Obwohl der visuelle Sinn für die bildliche Erfassung des Traumes unentbehrlich ist, bleibt der Geruch in einem Traum eine überzeugende Erfahrung. Der aromatische Duft einer Blume und die Erinnerung an einen geliebten Menschen sprechen ihre eigene Sprache.

Wie fühlt sich Ihre Erde an? Ist sie weich, fest, hart, bröckelig, lehmig, schlammig, trocken, feucht, sandig? Finden Sie ähnliche Attribute in Ihrer Traumlandschaft? Wie fühlt sich der Boden an, auf dem Sie und Ihre Traumgestalten stehen, liegen, sitzen, laufen oder herumfahren?

23.9.1998

Ein umgepflügter Acker reicht von Horizont zu Horizont

Ich bin in Amerika und stehe auf einem umgepflügten Acker, der von Horizont zu Horizont reicht. Hier fühle ich mich wohl. Die Erde ist trocken, warm und von gräulicher Farbe. Ich lasse mich auf den durchs Pflügen entstandenen Furchen nieder und pro-

biere verschiedene Stellungen aus. Schließlich liege ich und lasse mich von der angenehmen, wärmenden Sonne bescheinen. Jetzt möchte ich meditieren. Stundenlang könnte ich so verharren.

Der Jahreszeit gemäß gehört das Element Erde zum Herbst und zu dessen Farben Braun, Gelb, Grün, Orange und Rot. Eine Dame erinnert sich an die warmen Herbsttöne ihrer Traumkleidung: Bordeaux, Messinggelb und Dunkelgrün.

Mütter als Lebensbilder

Wie können Sie das Mutterimage in Ihren Träumen erfahren? Versuchen Sie sich an mütterliche Traumgestalten zu erinnern. Zeigen sie Sanftheit, Zärtlichkeit, Liebe und Vertrauen? Strahlen sie Zufriedenheit und Geborgenheit aus? Vorausgeschickt sei allerdings, daß es besser ist, nicht von der eigenen Mutter zu träumen, vor allem dann, wenn sie noch lebt. Damit drückt sich eine gegenseitige Abhängigkeit aus, die niemandem gut tut. Beistand geben allerdings verstorbene Mütter, es sei denn, ihr Erscheinen ist unerwünscht, was man dann nicht ermutigen sollte.

Lieben Sie sich bedingungslos.

In unserer Kindheit und Jugend waren unsere Wege erst einmal mit dem Schicksalsweg unserer Mutter verknüpft. Unabhängig von solch glücklichen oder unglücklichen Umständen hängt unser Wohlbefinden im Hier und Jetzt von der Art und Weise ab, mit der wir das mütterliche Element in uns zum Tragen bringen. Lieben wir uns bedingungslos? Sind wir bestrebt, nur das Beste für uns zu erhoffen, das Liebste über uns zu denken und das Schönste für uns zu gestalten? Wer sollte es sonst tun?

9. Mai 1996

Ein Kind verliert seine Mutter

Unbeweglich liegt ein junges Mädchen auf einer Trage neben mir. Es ist kalt und erstarrt. Eine Stimme sagt: „Kümmere dich um dieses Kind, ihm ist seine Mutter gestorben“ …

Der Traum macht darauf aufmerksam, daß die Mutter des Mädchens nicht mehr da ist, so daß es einsam und wie erfroren in der Unbeweglichkeit verharrt. Es ist die Aufgabe der Träumerin, den erstarrten Teil mit ihrer eigenen Liebe zu erlösen, indem sie liebevoll, geduldig und fürsorglich mit sich selbst umgeht. Damit werden die Keime zu einer neuen Realität gelegt, die auffordern, aus der Passivität des Erleidens auszusteigen und sich der elementaren Kräfte einer wunderbaren kreativen Selbstliebe bewußt zu werden. Werden Sie zu Ihrer eigenen Mutter. Bringen Sie Lebendigkeit und Liebe in Ihren Alltag, und bitten Sie Ihre Träume um weitere Erkenntnisse.

Die Große Mutter und ihre Gegensätzlichkeiten

Wir wissen, daß die Mutter nicht nur lichte, sondern auch dunkle Seiten hat. Sie ist Ausdruck einer Realität, die wir als Polarität erleben. Auch der Traum kann daran nichts ändern. Allerdings bewertet er nicht. Er fällt kein Urteil darüber, was gut oder böse ist. Er zeigt uns, wie es ist.

Jedes Mutterbild hat lichte und dunkle Seiten.

In den Augen eines Kindes, besonders wenn es sich unverstanden fühlt, ist die Mutter eine unüberwindliche Größe. Ihre angebliche Gemeinheit und Bösartigkeit überträgt es auf die Stiefmütter der Märchengestalten, so wie wir unerwünschte Eigenschaften auf unsere Traumgestalten abladen, die wir wiederum auch selbst sind. Das Kind ist gewissermaßen davon überzeugt, daß nur eine gute Mutter sein Leben erhalten kann und die böse es vernichten wird.

Im Märchen und in der Mythologie ist die „Große Mutter" eine Gestalt der Gegensätze. Die Erdmutter ist nicht nur eine Mutter des Lebens, sondern auch eine des Todes, da sie das, was sie selbst geboren hat, wieder zerstört und verschlingt. Unsere Frau Holle, die Sorgende, ist die Kehrseite der germanischen Göttin Hulda, die in Wäldern, Brunnen, Quellen, Höhlen und Hainen – ausschließlich weibliche Symbole – wohnt und sich wie eine Mutter liebevoll um ungeborene oder zu früh gestorbene Kinder kümmert. Aber

Göttin Hulda verlangt das Leben, das sie als Frau Holle liebend pflegt, wieder zurück; so wie auch wir, aus Erde geschaffen, einmal zu ihr zurückkehren müssen. In beiden Frauen erleben wir Geburt und Tod, Erblühen und Verwelken – Gegensätze, die getrennt erscheinen und doch zusammengehören.

Ort, Zeit und Stimmung beleuchten das Thema des Traums.

Es sind nicht nur die Kinder, die ihre Mütter verlieren. Auch Mütter trauern um ihre Kinder. Im nächsten Traum bestimmt das Bühnenbild mit Ort, Zeit und Stimmung das Thema des Traumes. Die einbrechende Dämmerung weist bereits auf das Ende hin. Die Zahl Sechs ist ein Symbol für Verantwortung. Der Weg, eine Metapher für Kommunikation, ist seit langem schon versperrt. Aber jetzt, da er breiter wird, zeigt die Mutter wortlos, in Bildern, ihre Gefühle.

Herbst 1994

Die Träne einer Mutter

Ich befinde mich auf dem Weg nach Hause. Es ist Nachmittag; die Dämmerung wird bald einsetzen. Die Wege sind eng, steinig, verschlungen und zum Teil von Gras und Gestrüpp zugewachsen … Eine Frau kommt. Sie will mit mir reden.

Am Wegesrand gibt es sechs Schäfchen, für die wir verantwortlich sind. Als wir auf einem breiten Weg ankommen, sehen wir auf der linken Seite im Wasser eine Pflanze, die weinen kann. Ein fischähnliches Tier dringt in die Pflanze ein. Er frißt ihre Blüten. Oder sind es ihre Früchte oder ihre Kinder? Die Pflanze versucht, sich zu schützen und das Tier abzuwehren …, aber der gierige Fisch frißt sie alle sechs.

Die Pflanze ist unendlich traurig, aber es sieht so aus, als ob sie nicht mehr weinen kann. Dann erscheint eine Träne – riesengroß –, und ich blicke in das faltige Gesicht einer uralten Frau, über das eine Träne rinnt.

Persönliche Affirmation

Ich lasse meine Lebensenergien frei fließen.

Tägliche Erfahrungen

Wie erlebe ich die stärkenden Kräfte der Erde?

Besonders wenn Sie sich mit Träumen und Visionen befassen, ist darauf zu achten, daß Sie die Verbindung zu Ihrer Erde nicht verlieren. Traumtätigkeiten wie eingraben, umgraben, begraben, pflanzen, Steine sammeln oder mit Sand spielen sind metaphorische Beschäftigungen, denen Sie sich tagsüber widmen können, auch wenn Sie nicht davon geträumt haben. Ihre Symbole können Sie ebenfalls in Ton kneten oder in Stein hauen. Oder erleben Sie bewußt, wie Sie Ihre Blumen tränken, Ihre Füße die Erde berühren, oder wie Sie Ihre feste Beständigkeit und Zuverlässigkeit unter Ihrem Körper spüren. Wenn Sie sich mit dem Element Erde imaginär verschmelzen, entdecken Sie die Wahrheit, und es wird einfacher, sich dieser Traumsymbole bewußt zu werden.

Notizen vom Traum und Erwachen

Welche mütterlichen Symbole finde ich in meinen Träumen und in meinem Leben?

Wie mütterlich verhalten sich Ihre Traumgestalten, und in welcher Beziehung stehen Sie zu ihnen? An welche Personen aus Ihrem Wachleben werden Sie durch sie erinnert, und welche Eigenschaften verkörpern sie sonst noch? Empfinden Sie in ihrer Nähe eine freundliche oder feindliche Atmosphäre?
Sehen Sie auch eine Gestalt, die einen vernachlässigten Eindruck macht, ausgehungert oder bettelarm ist? Sie braucht am dringendsten Ihre Liebe. Hier gilt es auch zu prüfen, ob diese Erscheinung eine reale Person aus Ihrem Leben ist und nach Hilfe ruft oder ob sie mit der Bedürftigkeit ihrer eigenen Armseligkeit gekleidet ist.

Die Yin-Energien im Wasser Ihrer Emotionen

Jede Erinnerung ist an Gefühle gekoppelt.

Das weite Meer ist die Metapher für das Unbewußte, aus dem unsere Träume kommen. Das Wasserelement ist das Symbol unserer emotionalen Natur. Lebhaft färbt es die Bühnenbilder, kleidet die Gestalten in seltsame Gewänder und füllt die Traumgeschichten mit Spannung und Aufregung. Alles ist Emotion, auch wenn es sich nicht so „anfühlt". Sie erinnern sich daran, daß jedes Bild, jeder Gedanke mit einer Emotion verknüpft ist, und wenn man die Gefühle erkennt, versteht man die Symbole, die aus den emotionalen Erfahrungen des Träumers erwachsen sind. Jede Erinnerung ist an Gefühle gekoppelt, denn ohne sie gäbe es kein Träume.

Sie sollten versuchen, auch mit dem Wasserelement Verbindung aufzunehmen. Möchten Sie ein Glas frisches Wasser neben sich stellen und daraus trinken? Andächtig können Sie daran denken, daß es diese Schlucke sind, die Sie am Leben erhalten. Oder betrachten Sie die kugelige Form eines Wassertropfens, die einer Träne oder eines Tautropfens. Versenken Sie sich hinein in diese Wunder, und stellen Sie sich vor, daß der Tropfen alles besitzt, um existieren zu können. Setzen Sie sich an eine sprudelnde Quelle oder einen Springbrunnen oder vertiefen Sie sich in das Tosen eines Wasserfalles. Finden Sie darin Stille. Spüren Sie nach, welche Emotionen dabei auftauchen, ohne sich damit zu identifizieren. Projizieren Sie Ihre Gefühle in das Wasser, das sich vor Ihnen bewegt, und bitten Sie es, Ihre Emotionen mitzunehmen. Schauen Sie nun nach innen, und betrachten Sie Ihre Ruhe.

Die Eigenschaften des Wassers drücken symbolisch die Qualität Ihrer Gefühle aus. Fließendes Wasser erinnert an Tränen. „Wie Bäche flossen die Tränen von seinem Angesicht", so sagt man von Gilgamesch, als ihm die Schlange das Kraut für die Unsterblichkeit gestohlen hatte. Wenn wir festgefahren und abweisend sind, können wir sehr kühl wirken und unter einem Schock sogar wie zu Eis erstarren. Aber der Druck belastender Gefühle kann so groß sein, daß wir explodieren und uns damit von angestauten Emotionen befreien. Dann wundern wir uns oft selbst, oder die anderen um uns herum, welche Energien in uns schlummern.

Die Eigenschaften des Wassers drücken symbolisch die Qualität Ihrer Gefühle aus.

Die Beschaffenheit des Wasser (flüssig, fest, gasförmig) zeigt Ihnen, was Sie über eine gewisse Sache empfinden, z.B. Trauer, Schock oder Wut. Das Verhalten des Wassers ähnelt dem weiblichen Verhalten, sich geduldig oder sanft zu benehmen, das natürlich als Yin-Energie auch bei Männern existiert. Die physikalische Welt drückt sehr konkret aus, was wir in den Träumen symbolisch erleben. Wenn wir an den Flüssen eines Landes vorbeifahren, sehen wir, wie sich das Wasser einer Landschaft anpaßt. Manchmal zieht es sich auch zurück, um sich danach wieder auszudehnen, anzuschwellen, über die Ufer zu gehen und sich zeitweilig in wüster Zerstörung auszutoben. Das Wasser hat eine weiche, empfangende Natur und bewegt sich mit Ausdauer und Gleichmaß im Rhythmus der Natur.

Psychische und physische Überschwemmungen

Wasserträume sind keine Seltenheiten. Ihre reichhaltigen Variationen laden immer zu interessanten Interpretationen ein. Befassen wir uns erst einmal mit den nicht zu übersehenden Überflutungsträumen, die auch mit einer tatsächlichen Wasseransammlung im Haus in Verbindung stehen können, die wiederum durch emotionale Überbelastungen ausgelöst wird.

Zuviel Wasser, bzw. „übertriebene" Emotionen, durchweichen den Boden Ihrer realen und Ihrer emotionalen Existenz. Wenn Sie merken, daß Ihre Träume grenzenlos werden und Ihr Tagesbewußtsein überschwemmen (weibliches Verhalten), dann ist es ratsam, sie in ihr Flußbett oder in die Erde zurückzuschicken und sich für eine Weile nicht um sie zu kümmern. Das ist nämlich eine Indikation, daß Sie zu nah am Wasser gebaut und die Bestellung Ihrer Erde (Materie, Existenz) vernachlässigt haben. Es ist so, als ob sich das Weibliche in Ihnen zu sehr ausgedehnt hat und zuviel Platz beansprucht. Auch Überschwemmungen und das Tosen des Meeres in Ihren Träumen, einer Sintflut gleich, weisen auf eine psychische Gefahr hin, soweit sie nicht eine konkrete Naturkatastrophe prophezeien oder Ihnen aufgrund einer persönlichen Situation „das Wasser bis zum Hals steht“.

Bringen Sie mehr Struktur in Ihr Leben, wenn Sie sich im Traum „überschwemmt“ fühlen.

Wenn zuviel Wasser in Ihren Träumen erscheint, vermeiden Sie zu starke Emotionalität, kanalisieren Sie Ihre Gefühle, bringen Sie Struktur in Ihr Leben, und drücken Sie sich konkreter aus. Verlieren Sie sich nicht in Sentimentalitäten, und seien Sie weniger dramatisch. Beschäftigen Sie sich körperlich; schwere Gartenarbeit ist hervorragend. Lassen Sie sich nicht von den Forderungen anderer oder Ihrem eigenen Ehrgeiz überfluten.

28.01.1998

Die Überschwemmung kam überraschend

Ich gehe in meinem Geburtsort in der Nähe eines Sees spazieren. Ich wundere mich, daß die Menschen alle in Eile sind. Schnell gehe ich stadteinwärts, weil ich das Gefühl habe, daß bald etwas passieren wird. Ich klettere auf einen Baum, um einen besseren Überblick zu bekommen, und stelle fest, daß ich die ganze Zeit in schlammigem Wasser geschwommen bin. Sogar die ganze Umgebung ist überschwemmt. Nur das obere Viertel der Baumspitzen ragt aus dem Wasser. Ich wundere mich, daß ich die ganze Zeit nichts davon gemerkt habe, obwohl ich anscheinend in diesem Wasser geschwommen bin. Kinderspielzeug kommt mir entgegen geschwommen. Ich beuge mich hinunter, um es aus dem Wasser zu ziehen, überlege aber, daß ich es gar nicht gebrauchen kann. Erstaunlich ist, daß da, wo ich geschwommen bin, das Wasser blau und sauber ist. Auch als ich mich hinunterbeuge, wird es da sauber, wo ich eintauche. Erstaunt wache ich auf, weil alles – vor allem die Überschwemmung – so überraschend kam.

Marita sagt weiter dazu: Nach einer Erkältung hat sich diese „Überschwemmung" – von der ich gar nichts gemerkt hatte – zu einem Asthma bronchiale ausgeweitet, das ein paar Monate anhielt. In dieser Zeit wurde ich von beruflichen Ereignissen „überschwemmt". Rückblickend stelle ich fest, daß Traum und Krankheit und die Schwierigkeiten, die sich an meinem Arbeitsplatz anhäuften, mahnende Hinweise waren, Veränderungen zu akzeptieren. Nach dieser Erkenntnis wurde ich nicht nur wieder gesund, sondern auch schwanger. Jetzt hab ich auch Platz für das Kinderspielzeug.

Die leeren Flüsse der mageren Jahre

Gehen Sie achtsam mit Ihren emotionalen Energien um.

Der folgende Traum zeigt im Gegensatz zu der Wasserfülle des vorangegangenen Beispiels einen katastrophalen Wassermangel, der darauf hinweist, achtsam mit den emotionalen Energien umzugehen. Zusätzlich macht er auf die äußeren und inneren Schwierigkeiten aufmerksam, die Fatima bei der Trennung von ihrem Mann erlebt. Sie hat außer ihren beiden großen Kinder noch drei andere, für die sie sorgt.

3.2.1998

Das leere Wadi

Ich gehe mit einer Freundin durch ein leeres, gerade gestrecktes Flußbett. Die hellbraune Erde ist trocken, rissig und bröckelig. Rechts von mir, in einem beträchtlichen Abstand, befindet sich ein eingeschlossenes kreisrundes Gehege, in dem sich drei kleine Entenhäuschen befinden. Es sieht dort grün aus … Ich wache mit einem guten Gefühl auf.

Das abschließende Gefühl läßt aufatmen, denn der Weg durch das Wadi erinnert an eine Wüstenwanderung, durch Leere und Trockenheit. Die Risse sind Zeugen des schon lang entbehrten Wassers. Von den „mageren Jahren", die Fatima am eigenen Leibe spürt, sind ihre drei Kinder aber nicht betroffen, da sie in der Enklave wohl geschützt sind. Die rechte Seite des Traumbildes steht für die bewußte Tag-

Die rechte Seite des Traumbildes steht für bewußtes und die linke für unbewußtes Erleben.

seite und die linke für die unbewußte Nachtseite, so daß der Traum darauf aufmerksam macht, wie die Träumerin ihre Situation psychisch erlebt.
Fatima dachte im Zusammenhang mit ihrem Traum an Moses, der mit seinem Volk trockenen Fußes durch das Rote Meer gelangte; ein biblischer Mythos, der symbolisch die Möglichkeit der Rettung ausdrückt.

Wie undurchsichtig sind meine Verhältnisse?

Wenn Sie sich mit schwierigen Situationen auseinandersetzen, wird der Traum Ihnen zeigen, ob die Dinge so undurchsichtig sind, wie Sie befürchten. In manchen Mythen ist das schwarze, dunkle Meer ein Unheil verkündendes Symbol. Bevor Jona vom Wal verschlungen wurde, „erhob sich ein großes Ungewitter auf dem Meer", und es fehlte nicht viel und die verschlingenden Meeresungeheuer, Szylla und Charybdis, hätten Odysseus und seine Männer vernichtet.
Im nächsten Traum sind die Schatten, die das Bühnenbild mit seinem dunklen Herbsttag vorauswirft, kein gutes Omen. Natascha, die sich zu tief in die Verantwortung hineindrängen ließ, hat ihre Gelassenheit verloren. Zur Zeit des Traumes befaßt sie sich mit dem Thema der Selbst– und Mitverantwortung und entscheidet sich, als ihr Ehemann in Lebensgefahr gerät, ihn zu retten. Ihrer Meinung nach will sonst keiner die Verantwortung für ihn übernehmen, noch weniger er selbst. Aber die Frage bleibt offen, ob sie ihn wirklich „gerettet" hat und ob das ihre eigentliche Aufgabe ist.

13.10.1994

Der See liegt im Halbdunkel, das Wasser ist fast schwarz

An einem dunklen Herbsttag befinde ich mich mit anderen Menschen am Ufer eines Sees, der im Halbdunkel liegt. Das Wasser ist fast schwarz. Ich sehe, wie mein Mann in diesem Wasser ertrinkt. Keiner hilft ihm. Ich springe voll bekleidet ins Wasser, um ihn zu retten. Ob ich ihn gerettet habe, weiß ich nicht. Ich wache schweißgebadet auf.

Gefühle sind unsichtbare Empfindungen

Symbole sind nicht nur Träger unserer Emotionen, sondern sind die Emotionen selbst. Ihre Energien brauchen wie ein fortlaufender Strom Grenzen, damit sie nicht überströmen und außerhalb ihrer selbst Schaden anrichten. Auch Wasser wird von Deichen, Dämmen und Kanälen daran gehindert, über die Ufer zu fließen. Diese technischen Konstruktionen sind Erfindungen des Geistes, über die Sie im Kapitel „Die Luftelemente als Symbole Ihrer geistigen Fähigkeiten" bald mehr erfahren werden.

Es dürfte Ihnen nicht entgangen sein, daß Sie Ihre Gefühle besser in Metaphern beschreiben als mit Ihren fünf Sinnen wahrnehmen können. Liebe, Vertrauen, Freude, Angst, Verzweiflung und Faszination sind abstrakte Begriffe, die sich in Bildern am besten ausdrücken lassen. Sie leben von der Vorstellung, die Sie über sie haben und werden als authentische Reaktion auf eine im Traum und in der Wirklichkeit erlebte Situation erfahren. Im letzten Beispiel sehen wir, wie die Bereitschaft, am Fluß des Lebens aktiv teilzunehmen, zwar Ungewißheit aber Faszination und keine Angst auslöst.

Finden Sie Bilder für Ihre Gefühle.

8.02.1995

In ungewisser Zukunft liegt Faszination

Meine Tochter und ich sind irgendwo auf dem Meer auf einem kleinen Schiff. Riesige dunkelgraue Wellenberge rollen auf uns zu. Die Wasserwände überrollen das Schiff oder, besser gesagt, übertunneln es. Wir werden nicht naß, sondern [nur] etwas besprüht. Es ist eine große Faszination zu sehen, wie die Wellen, vom Horizont kommend, immer riesiger werden, sich schließlich haushoch auftürmen und unser Schiff in ihre Mitte nehmen. Um dieses Spektakel trocken zu genießen, begeben wir uns ins Innere des Schiffes – hinter Glas. Aber jetzt kommen keine Wellen mehr. Alles ist langweilig. Es gibt nur noch kleine Wellen, die unser Schiff zum Schaukeln bringen.

Wenn ich eintauche und mich einlasse, gebe ich meinem Leben Tiefe und mache authentische Erfahrungen.

Persönliche Affirmation

Meine Gefühle eröffnen mir neue Erkenntnisse.

Tägliche Erfahrungen

Das Wasser vom Tag fließt in meine Träume.

Immer wenn Sie tagsüber mit Wasser in Berührung kommen, stellen Sie sich vor, daß inspirierende Wasserträume Sie begeistern werden. Sollten Sie vom Wasser überflutet werden, dann malen Sie mit Kreide auf hartem faserigen Papier. Wählen Sie gedeckte Herbstfarben, und kleiden Sie sich in solchen Tönen. Vermeiden Sie „Flüssiges“, und beschäftigen Sie sich mit Erdsymbolen.

Notizen vom Traum und Erwachen

Welche Emotionen sind mir vertraut, welche sind mir fremd?

Ihre psychische Energie im Element des Feuers

Das Feuer, das in vielerlei Erscheinungen in Ihren Träumen aufleuchtet, ist ein Symbol des Lichts, das so wie die Luft zu den uns innewohnenden männlichen Energien gehört. Auch dieses Element besteht aus der Polarität von lebenserhaltenden und zerstörerischen Kräften, wobei in dem scheinbaren Zerstörungscharakter Verwandlungen oder Erneuerungen enthalten sind. Die Feuersymbole in Ihren Träumen wollen Ihre inneren und äußeren Lebenssituationen beleuchten. Dabei sind es nicht nur die lodernden Flammen eines brennenden Hauses oder die Feuersbrunst, die durch einen Traum wütet, sondern auch der glimmende Docht oder der Rauch eines Lagerfeuers, die als Leuchtsignale für die unterschiedliche Intensität Ihrer psychischen Energien oder körperlichen Symptome gelten. Das Feuer ist das einzige Element, das der Mensch selbst hervorbringen und löschen kann, was bewußtes Handeln voraussetzt.

Im übertragenen Sinne steht das Feuer, besonders der Feuerfunke, für unsere Intuition. Sie entsteht aus der momentanen Spontaneität eines schöpferischen Geistes, der, so erklärt der Mythos, nur einem einzigen gehört. Und Sie, verehrter Leser, sind dieser einzige, der schöpferische Geist. Sie schaffen nicht nur Ihre eigene Realität, sondern auch die des ganzen Universums. Achten Sie darauf, daß Sie nur das Beste für sich und die Welt wollen. Selbständigkeit verlangt individuelle Entscheidungen und klar umrissenes Handeln, was die Schöpfungsmythen im Feuerraub in entzückenden Bildern darlegen.

Ihre Intuition entsteht aus der Spontaneität Ihres schöpferischen Geistes.

Vom Blitz getroffen ...

Bevor das Wesen der Naturgewalten in die Kette wissenschaftlicher Methodik von Ursache und Wirkung eingereiht wurde, glaubten die Menschen, daß Blitz und Donner, direkt aus dem Himmel kommend, göttliche Botschaften seien. Wenn Sie im Traum wie vom Blitz getroffen werden, dann fühlen Sie sich von der Hand Gottes berührt, wie weltlich Ihre äußeren Umstände auch sein mögen. Fühlen Sie sich privilegiert. Der Blitz hat die Kraft der Verwandlung und vermag harte Schalen aufzuspalten, neue Existenzen einzuleiten und unbewußte Zustände zu erhellen, die aber alle als Befreiung erfahren werden sollten.

Äußere Ereignisse sind Dramen, die in Ihrem Inneren ihre Hauptvorstellung haben.

Auf diese ungewöhnlichen Ereignisse sollten wir uns vorbereiten und sie akzeptieren. Das äußere Ereignis ist ja „nur" ein nach außen projiziertes Drama, das auf der Bühne unseres Inneren seine Hauptvorstellung hat. Wichtige psychische Veränderungen werden manchmal als „gewaltsam" erlebt. Wenn wir uns gegen diese Veränderungen stemmen, werden sie nicht friedlich, sondern als Explosion erfahren, die nicht mehr von oben als geistige Erkenntnis, sondern von unten aus dem Schoß der Erde hervorbrechen und als unangenehm erlebt werden.

Feuerträume, die nicht zu übersehen sind

Wenden wir uns nun Träumen zu, deren Feuerenergie durch unsere Nächte schmettert. Nehmen wir die Feuerwaffen, von denen Männer häufiger träumen als Frauen. Sie drükken eine heftige explosive, mitunter gefährliche psychische Intensität aus, die nach außen drängt und sich mit aller Kraft zur Wehr setzen oder zu einer entscheidenden Schlacht ins Feld ziehen will. Sie lassen eine Potenz vermuten, die in sexuellen Träumen ein unübersehbares Symbol sind.

Hier sind Energien am Werk, die in ihrer „Power" denen in der Physik nicht nachstehen. Haben Sie auch schon einmal bemerkt, daß die negativen Energien von Uneinigkeit und Streit Defekte in Küchenmaschinen oder anderen elektrischen Geräten hervorrufen? Entwickeln Sie ein Bewußtsein dafür, was Sie mit Ihren Energien alles in Bewegung setzen können.

Feuerwerke sind ebenfalls explosive Energien, die aber nur vorübergehenden Prunk aufleuchten und dann wieder verpuffen lassen. Dahinter verbirgt sich die Sehnsucht nach buntem Glanz und feuriger Aufregung. Versuchen Sie, Ihren Träumen soviel Güte wie möglich abzugewinnen, schließen Sie Ihre Augen jedoch nicht vor Tatsachen, denen Sie besser ins Gesicht sehen. Vor welchem Hintergrund spielen Ihre Traumfiguren Ihre Produktion, und welche persönlichen Einfälle lösen die Feuerbilder aus?

Füße im Feuer lassen bestimmt andere Assoziationen aufkommen als ein wohlig knisterndes Kaminfeuer. Die höllische Angst bei dem Brand einer Wohnung oder der Explosion einer Fabrik läßt sich kaum mit dem Feuereifer vergleichen, mit dem so manch einer ans Werk geht. Aber das Feuer ist lediglich eine Energie, die im Traum als Bild erscheint. Dann wird sie zu einer Realität und drückt die psychische Energie aus, die im Erleben einer Situation enthalten ist.

Feuer drückt Ihre psychische Energie aus.

Brandopfer – eine Gefahr

Feuer flößt Respekt ein, und manche Brandimpressionen fordern konkretes Handeln. Aus meiner Arbeit in der Psychiatrie erinnere ich mich an einen Patienten, dessen Stimmen ihm befahlen, alles um ihn herum in Brand zu stecken. Er war so „besessen" von dieser Halluzination, daß es eine große Herausforderung war, den gesunden Teil seiner Psyche davon zu überzeugen, die Stimmen zu beruhigen und „wegzuschicken". Im Grunde quälte ihn der vermeintliche Sündenpfuhl. Er fühlte sich berufen, das Böse zu vernichten, so wie es vor langer Zeit in Sodom und Gomorrha mit Feuer und Schwefel versucht wurde.

Im Märchen, das sich mit Gut und Böse auf einer weltlichen Ebene auseinandersetzt, wird mit bösen Menschen auch nicht viel Federlesens gemacht. Gemeine Hexen werden verbrannt, und böse Stiefmütter und falsche Bräute müssen sich in brennenden Schuhen zu Tode tanzen. Das sind sym-

Die Vernichtung des Bösen erfährt im Feuer seine Verwandlung.

bolische Beispiele für die totale Vernichtung des Bösen, das im Feuer seine Verwandlung erfährt. In der Mythologie ist oft von Brandopfern die Rede, die den Göttern aus Verehrung und Dankbarkeit dargebracht wurden oder um dem Übel zu wehren, aber vor allem als Geste der Versöhnung. Auch unser vorhin erwähnter Brandstifter schöpft aus diesen archaischen Quellen, mit denen er sich identifiziert hat, weil er selbst nicht mehr weiß, wer er ist. Damit durchbrechen seine Phantasien die Dämme seines Bewußtseins und führen zu unreflektiertem Handeln.

In Ihren Nächten wird es hoffentlich weniger erbarmungslos zugehen. Aber das Traumfeuer kann auf fiebrige und erhitzte körperliche oder emotionale Situationen hinweisen. Auch an die Zerstörungswut übertriebener Gefühle ist zu denken, die manchmal mehr Energie zu haben scheint, als die glühenden Kohlen einer heißen Liebe. Wie Illusionen zum Brandopfer werden, finden Sie andeutungsweise in dem folgenden Traum wieder. Hier blickt die Träumerin tapfer in das Flammenmeer erlöschender Hoffnungen.

18.3.1993

Ob auch dieses Streichholz verlischt?

Wir beobachten, wie ein Haus auf der gegenüberliegenden Straßenseite abbrennt. Ich zünde ein Streichholz an, um besser sehen zu können.

Kümmern Sie sich um die erloschene Glut

Da wir gerade dabei sind, Feuerenergien zu spüren, lade ich Sie in die Ofenecke ein. Ein geheizter Ofen drückt Gemütlichkeit und ein kalter Unfreundlichkeit aus. Wenn der Ofen ausgeht, gehen die Geschäfte zurück, und in die Röhre sehen, läßt vermuten, daß man leer ausgeht. Herzlich warme Assoziationen mögen einfallen, wenn wir an die Küche oder das Wohnzimmer unserer Großeltern denken. Aber vielleicht wog die Einsamkeit damals schwer, als wir halb erfroren nach Hause kamen, der Ofen aus und niemand zu

Hause war, und wir kalt, verlassen und mutlos in der Stummheit stecken blieben.

Der alte Eisenofen

In einem Märchen bittet der alte König die Gänsemagd
einem alten Eisenofen ihr Leid zu erzählen,
von dem sie versprochen hatte, nichts verlauten zu lassen.
Sie kroch in den Ofen hinein und
schüttete ihr Herz aus.
Der König aber hörte alles von außen mit an …

Wie immer braucht das Märchen nicht sehr viel Worte, denn sobald wir uns eines Kummers angenommen und die ganze Traurigkeit erfaßt haben, können wir unser inneres Kind in die Arme nehmen, ihm Trost spenden und ihm versprechen, daß es niemals mehr einsam und verlassen zurückbleiben muß.

Trösten Sie Ihren Kummer und Ihre Traurigkeit, und fassen Sie neuen Mut.

Hell lodernde Flammen

Hell lodernde Flammen brauchen nicht unbedingt eine Gefahr zu sein. Denn nicht nur in den Mythen und Märchen, sondern auch im Traum weisen sie auf neue Anfänge oder Erweiterung des Bestehenden hin. Wenn Sie ein Feuer anstecken, können sich ja nachforschen, wen oder was sie entzünden – vielleicht eine neue Beziehung? Oder bringen Sie sprühende Funken in Ihre bestehenden Partnerschaften oder Freundschaften? Auch der Beginn einer künstlerischen Arbeit oder eines wirtschaftlichen Unternehmens freut sich auf die Flammen der Begeisterung.
Im biblischen Mythos erscheint Gott in der Feuersäule als Materialisierung innerer Erleuchtung, die den Weg weist; eine Bestätigung, daß es an spiritueller Führung nicht fehlt. Lichtvisionen oder leuchtend strahlendes Licht in Ihren Träumen sind auch so zu deuten. Für diese Erlebnisse brauchen Sie nicht prädestiniert zu sein. Sie geschehen einfach

wie von selbst, besonders wenn Sie sich vergegenwärtigen, daß Ihr ganzer Körper ein einziges Licht ist.
Gott erschien in einem Dornbusch, der brannte, aber nicht verbrannte, und er sagt: Ich bin, der ich bin. Meditieren Sie darüber, und finden Sie sich selbst darin. Wenn das Feuer nicht gelöscht werden kann, dann ist es vielleicht ein heiliges Feuer, dessen tiefroter Schein als Ursprung im Sein eines jeden Menschen verborgen liegt. Elfriede wurde von diesem heiligen Feuer umgeben, das zwar loderte, aber sie nicht verbrannte, sondern ihre Verwandlung in ein höheres Bewußtsein ankündigte.

4.9.1997

Elfriede

… Ich gehe durch das Gartentor in die Wohnstätte. Mitten auf der kleinen Sumpfwiese liegt Elfriede auf einem Bett, zugedeckt mit einem weißen Bettuch. Ihre Füße sind frei; sie sind ganz groß und blau verfärbt. Ich sehe Elfriede von weitem und erschrecke. Ich kann mich nicht bewegen, bin wie gelähmt. Auf einmal kommen aus der Wohnstätte große Flammen. Im Tagesraum sitzen die Betreuer, sie sind auch wie erstarrt. Ich schreie: „Elfriede muß weg! Theo, komm und trage Elfriede weg. Hilfe!“
Als ich aufwache, stehe ich wie unter einem Schock.

Elfriede, die in einer Wohnstätte für Behinderte lebt, befindet sich zur Zeit des Traumes, den Jacqueline, eine ihrer Betreuerinnen, träumt, auf einer holländischen Insel, wo sie plötzlich erkrankt und drei Wochen später stirbt.

Persönliche Affirmation

Ich bin das Licht der Welt.

Ich bin ist eine Selbstdefinition und bestätigt mein Wissen, daß ich existiere. Das Licht läßt mich erkennen, was ich denke und was im Licht sichtbar wird.

Tägliche Erfahrungen

Wie achte ich auf meine innere Stimme?

Wie setze ich meine Intuition ein? Was sagt mir diese Stimme im Traum? Welche Bedeutung gebe ich ihr im Wachleben?

Notizen vom Traum und Erwachen

Auf welchen Gebieten möchte ich mehr Selbständigkeit entwickeln?

Wie verhalte ich mich in meinen Träumen? Welche Initiativen ergreife ich? Wobei erwarte ich noch Zuspruch und Unterstützung?

Die Luftelemente als Symbole Ihrer geistigen Fähigkeiten

Alles, was existiert, entsprang einem Gedanken.

Das Luftelement ist ein Symbol für geistige Fähigkeiten, eine immerfort fließende Energie, die, von der Wahl Ihrer Gedanken gespeist, in der dreidimensionalen Welt Gestalt annimmt. Alles, was existiert – auch Ihr Glückszustand –, entsprang einem Gedanken, einem Wort. Geist und Wort sind im Hebräischen identisch, und in der Bibel heißt es: „Im Anfang was das Wort", aus dem alles geschaffen wurde. Genau das tun auch Sie, pausenlos, denkend schaffen Sie Ihre Realität. In der „Aus-ein-an-der-Setzung" werden die Gedanken sinnlich wahrnehmbar und verdichten sich in der Vergegenständlichung.

Im Gegensatz zum weiblichen Element, das sich im Runden, Weichen und Nachgiebigen ausdrückt, ist Yang spitz, eckig, kantig. In Träumen erscheint es in geometrischen Formen. Die rechteckige Form, zum Beispiel das Quadrat, hat eine Ordnungs- und Heilungsfunktion. Ihr Erscheinen bringt einfache Lösungen für schwierige Situationen.

Im folgenden Traum besteht das Rechteck sogar aus Holz, das als Grundelement zu den fernen Ursprüngen menschlicher Existenz gehört.

4.10.1994

In der Auseinandersetzung werden Formen konkret

Ich habe mit einer großen rechteckigen Form zu tun, die offensichtlich durch geistiges Damit-Auseinandersetzen immer konkreter wird. Das dunkle Rechteck scheint aus Holz zu sein und bekommt immer mehr Format, so daß es schließlich kistenähnlich wirkt. Zuerst denke ich, ich schaffe es nicht, aber dann ist es ganz einfach.

Die Yang-Kraft spüren Sie außerdem, wenn es Ihnen gelingt, sich innerhalb von Raum und Zeit zu orientieren, Pläne zu entwerfen und sich bestimmend durchzusetzen. Sie wissen,

was Sie wollen, lassen sich nichts gefallen und schützen sich vor Bedrohung und Gefahr oder bitten entschlossen um Hilfe. Sie treten klar und konkret auf.
Es ist diese Energie, die unabhängig von äußeren Umständen in jedem Menschen wirksam sein kann. Wenn Sie krank, behindert, arbeitslos, mittellos, ausgestoßen oder eingeschlossen sind, hindert niemand Sie daran, mit Willenskraft, Entschlossenheit und Mut Ihr Leben zu bestimmen. Falls Sie diese Kräfte Ihrer innewohnenden Autorität auf andere übertragen haben, die diese mächtig und Sie machtlos macht, dann nehmen Sie diese Energien wieder zurück. Sie können das sofort tun – innerlich –, ohne daß Sie mit Ihren „Machthabern" darüber sprechen müssen. Entscheiden Sie sich, „Ihren Mann zu stehen" – ohne Zweifel, Härte und Aggression, aber mit Bestimmtheit und Entschlossenheit.

Männliche Gestalten und deren Eigenschaften in Ihren Träumen

Achten Sie darauf, welche männlichen Gestalten in Ihren Träumen auftreten. Lassen diese Besucher noch zu wünschen übrig, so bitten Sie die Traumkraft Ihnen welche zu schicken. Wenn sich Ihre Yang Energien langsam aus ihren Verstecken herauswagen, könnten sie anfänglich von kleiner, jugendlicher und unbeholfener Gestalt sein, ehe sie größer, älter und erfahrener werden.
Das nächste Beispiel ist wie geschaffen für das Luftelement. Allein in seiner Wortwahl kommen mehrere Luftsymbole zur Sprache. Luft ist, so wie Gedanken, immer in Bewegung; beide wehen, wohin sie wollen. Dieser Traum „bewegt" sich in einem quadratischen Raum, der, indem er sich auf seine Grenzen konzentriert, andere Dimensionen gewinnt und zu einem Würfel wird. Der Höhepunkt tritt da ein, wo sich die Schwerkraft verändert, und die Träumerin in der Luft, in der Bewegung, d.h. in der Veränderung, bleiben kann. Sie fliegt, springt hoch, dreht und wendet sich oder sinkt wie eine Feder zur Erde. Die Taoisten kennen diese Schwerelosigkeit,

Luft, Gedanken und Energien sind immer in Bewegung.

von der wir hier eine Ahnung bekommen; sie tragen ein Federkleid, reiten auf einem Lichtstrahl oder schweben in der Leere.

4.3.1996

Der Meister ist neutral und zurückhaltend

Ich halte mich in einem wunderbaren Haus auf. Die Gänge und Zimmer sind geheimnisvoll und kaum möbliert. Manchmal sind andere Schüler in meiner Nähe, dann wiederum bin ich mit dem Meister allein. Ich bin in einem quadratischen, spärlich beleuchteten Raum, der zu einem Würfel wird.

Als sich die Schwerkraft verändert, kann ich mich mühelos vom Boden abstoßen, Saltos drehen, beliebig lange in der Luft bleiben und dann wie eine Feder zu Boden sinken. Es ist einfach herrlich! Ausgiebig erkunde ich den Raum, in dem ich hochspringe, fliege, mich drehe und mal wende, daß ich nur so umherpurzele. Ab und zu macht der Meister eine Anmerkung, aber sonst verhält er sich neutral und zurückhaltend.

Männliche Elemente verzichten auf weibliche Dekoration und emotionale Fülle.

Der Meister in Lucinas Traum verspricht nichts. Allein seine Gegenwart genügt, um die Schwerelosigkeit zu erleben. Die männlichen Elemente beschränken sich auf das Wesentliche und verzichten auf weibliche Dekoration und emotionale Fülle.

Unser Verhältnis zur Autorität

Ein wesentlicher Entwicklungsschritt ist geschafft, wenn wir uns über unser Verhältnis zur Autorität klar werden. Im Idealfall könnten wir, gemäß ethischer Werte, ihr den Respekt und die Anerkennung verschaffen, mit der wir unsere eigene innere Autorität akzeptieren. Im Leben und im Traum gibt es viele Gelegenheiten, die männlichen Elemente, wie Ruhe und Gelassenheit, Durchsetzungskraft und Lernbereitschaft, immer wieder neu zu erproben. Das gelingt auch, wenn wir Autorität als Gewalt kennengelernt haben.

Das männliche Element als autoritäre Gewalt

Es sind nicht nur „böse" Mütter, die ihre Kinder „verschlingen", sondern auch „gewalttätige" Väter oder deren Stellvertreter, die mit ihren autoritären Forderungen neue Opfer schaffen. Diese Dramen spiegeln sich in vielen Träumen bei Schläfern aller Altersstufen wider. Äußere Ereignisse aktualisieren unterschwellige Konflikte, die oft streng gehütet werden, aber zeigen, wo der Hebel zur Heilung angesetzt werden kann.

Werden Sie zu Ihrem eigenen gütigen und liebenden Vater.

Rainer, dessen Vater im Krieg gefallen ist, wurde von seinem älteren Bruder fordernd erzogen. Im Militär wurde seine Autoritätsabhängigkeit weiterhin geschürt, und heute ist seine Beziehung zu Vorgesetzten ambivalent gefärbt. Einerseits „bringt er sich halb um", deren Forderungen zu erfüllen, um sich bald darauf „zu Tode zu grämen", weil er ihnen nicht gewachsen ist. Mit den verbleibenden Kräften wehrt er sich wütend gegen die Unterordnung, bleibt aber deprimiert auf der Strecke, weil doch alle Mühe vergeblich zu sein scheint.

8.5.1998

Macht – Auflehnung – Depression

Mein Mitarbeiter spielt sich aufgrund seiner Kenntnisse als mein „Chef" auf. Er diktiert mir, was ich zu machen habe. Ich bin überrascht und verwundert, aber für meine Verhältnisse kooperativ. Als ich, da er sehr leise spricht und ich ihn nicht verstehe, öfters nachfrage, wird er unwillig und zornig. Auf einmal werde ich auch sehr laut und versuche, ihn in die Schranken zu weisen. Ich mache mich an die Arbeit, aber ich weiß, daß ich das Ziel nicht schaffen werde.

Kinder ohne Väter

Der Autoritätsgewalt steht der Mangel an väterlichem Schutz und liebender Fürsorge gegenüber. Abwesende Väter gibt es en masse. Es ist nicht nur eine vom Krieg verursachte vaterlose Gesellschaft, sondern auch die väterliche Anwesenheit, die in vernachlässigender mentaler und emotionaler Abwesenheit tiefe Wunden schlägt. Anderen, von jahrelanger Krankheit gezeichnet, werden Kinder zu Vätern, die sich manchmal derart aufopfern, daß für ihr eignes Leben kaum noch etwas übrigbleibt.

29.4.1998

Mein Vater ist gestorben

Als ich nach Hause komme, weiß ich sofort, daß mein Vater gestorben ist. Im Garten ist nämlich ein Grab. Der Garten ist mir aber nicht bekannt. Meine Mutter hat die beleidigte „Und-du-warst-nicht-dabei-Miene". Ich weine, und sie erzählt, wie euphorisch und übermütig gut gelaunt er am letzten Tag seines Lebens war. Wie gerne hätte ich daran teilgehabt. Auf der anderen Seite wußte ich gar nicht, daß es ihn noch gibt.

Der Vater von Katinka erlag einem Krebsleiden. Fünf Jahre ist er daran gestorben, als sie noch ein Kind war. Sie hätte viel darum gegeben, teilzuhaben an der Euphorie und dem Übermut ihres Vaters.

Examens- und Prüfungsängste

Examensträume bauen Streß ab.

Examens- und Prüfungsträume, die zwar als unangenehm erfahren werden, leisten eine gute Vorarbeit für tatsächliche Prüfungen, Vorstellungsgespräche oder ähnliche Situationen, um Nervosität und Streß abzubauen.

29.4.1994

Die Prüfung steht vor der Tür

Es geht um die Berufsschule. In meinem Kopf, und auch sonst, herrscht totales Chaos. Seit ewigen Zeiten habe ich weder meine Schulsachen noch anderes geordnet und habe riesige Lernlücken. Jetzt steht die Prüfung vor der Tür. Ehe ich überhaupt alle Sachen für den heutigen Schultag zusammengesucht habe, ist schon die Hälfte des Tages verstrichen. Erleichtert beschließe ich, erst gar nicht zu gehen und mit Ordnung machen anzufangen.

Was lebt in Ihren Traumlüften?

Das Luftelement ist Lebensraum für eine Vielzahl von Symbolen, von denen Sie einige in der anschließenden Tabelle finden. Ihre möglichen Bedeutungen verbinden sich mit dem allgemeinen kollektiven Verständnis, das man über sie hat. Dieser Überblick möchte Sie ermutigen, auch Kombinationen mit anderen Symbolen, auch die nicht zum Luftelement gehören, zu entwickeln. Da Vögel als Symbol der Transzendenz zu verstehen sind, werden sie im nächsten Kapitel über die Bedeutung des Äthers besonders berücksichtigt.

Die Freiheit ist grenzenlos.

Die Freiheit ist grenzenlos, und Ihre Gedanken sind es auch. Sie bringen Sie bis ans Ende der Welt, um dort wie farbige Regenbögen die Horizonte zu berühren. Auch Flugzeuge vollbringen ein ähnliches Phänomen, so daß es kein Wunder ist, daß in ihnen Ihre hochfliegenden und weitreichenden Pläne ihren Platz haben. Wenn die technischen Triumphe des modernen Jet-Zeitalters durch Ihre Träume fliegen, so ist mit der raschen Verwirklichung Ihrer Unternehmungen zu rechnen. Sollten Sie im Traum selbst im Flugzeug sitzen, werden Sie umgehend ein gesetztes Lebensziel anfliegen. Abstürzende Flugzeuge bereiten Sie darauf vor, daß hochschwingende Ideen vorzeitig auf den Boden der Realität zurückfinden. Vor einer tatsächlichen Flugreise empfiehlt es sich, solche Träume auf ihren prognostischen Charakter zu untersuchen.

Luftelemente

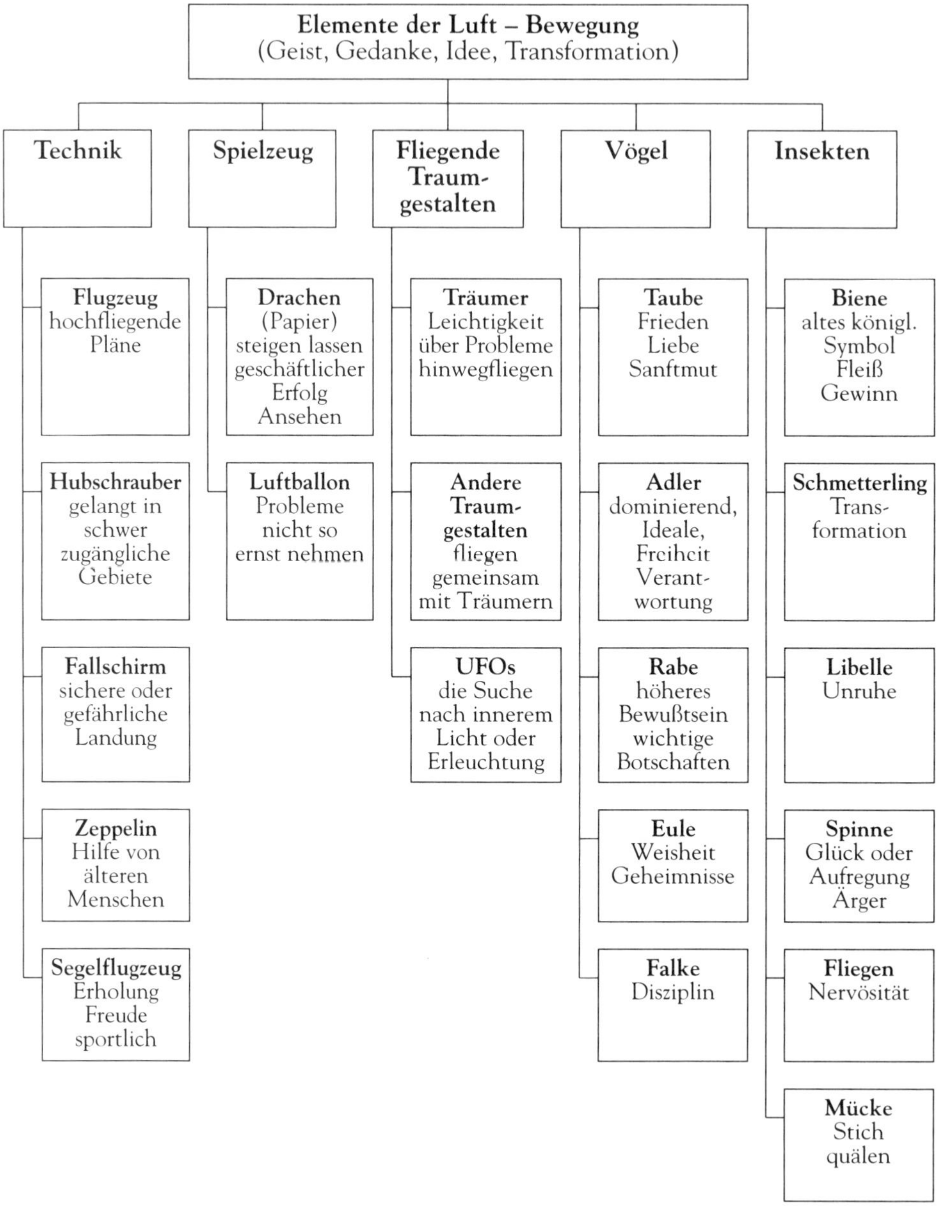

Persönliche Affirmation

Ich bin, was ich denke.

Tägliche Erfahrungen

Entscheiden Sie sich bewußt, was Sie denken wollen.

Aktives Denken setzt voraus, daß Sie sich entscheiden, was Sie denken wollen. Wenn Ihnen ein Gedanke nicht gefällt, dann hängen Sie ihm nicht nach, denn jeder Gedanke gewinnt Gestalt. Sie brauchen ihn nicht zu verdrängen oder abzuwehren. Lassen Sie ihn einfach wie Wolken vorüberziehen. Wenn Sie sich über ihn ärgern, wird er es erst recht darauf anlegen, sein Unwesen zu treiben. Sobald Sie dem Unerwünschten Ihre Energien entziehen, wird es verschwinden. Denken Sie sich etwas Herrliches aus – nicht nur jetzt, den ganzen Tag! Machen Sie daraus eine Gewohnheit. Bleiben Sie kreativ. Sobald Sie sich Sorgen machen, wünschen Sie sich umgehend etwas Besseres. Alles geistig für wahr Gehaltene ist schon die vollste Wirklichkeit. Werden Sie Ihres eigenen Glückes Schmied.

Notizen vom Traum und Erwachen

Die Flügel meiner Gedanken sind die Vision einer neuen Realität.

Von welcher Wirklichkeit träumen Sie? Formulieren Sie Ihre Sehnsüchte. Richten Sie Ihre Aufmerksamkeit auf einen konkreten Wunsch, bis der Glaube an das, was eintreten soll, im Herzen empfunden und als Realität sichtbar wird. Machen Sie sich keine Gedanken darüber, wie das Unmögliche je Wirklichkeit werden soll. Das Universum kümmert sich darum. Die Bäuerin, die ihre Saat der Erde anvertraut hat, wird nicht die Keimlinge mit ihrem Mißtrauen stören, sondern mit natürlicher Selbstverständlichkeit ihr Erscheinen abwarten.

Der Äther oder Mahat, der große Geist

Sprengen Sie die Grenzen Ihrer Vorstellungskraft.

Das fünfte Element ist der Äther, ein griechisches Wort, das soviel wie höhere Luft bedeutet. Wir verstehen darunter das kosmische Bewußtsein, das alles erschafft, alles belebt, alles durchdringt, aber unbegreifbar, unbenennbar und unsichtbar bleibt. Dieser göttliche Geist ist der Ursprung aller manifesten Stoffe, der alles miteinander verbindet und dank Ihrer Vorstellungen das Universum mit Sein und Sinn erfüllt. Sprengen Sie die Grenzen Ihrer Imagination. Wagen Sie es, mit den Flügeln Ihrer Gedanken in die Weiten der Unendlichkeit vorzudringen.
Fühlen Sie sich wie auf Adlers Schwingen getragen. Der Wind selbst, der Sie aufnimmt, ist der Hauch Gottes, die Luft, die Sie einatmen und die Ihnen Leben gibt. Sie ist immer in Bewegung, ohne Anfang und Ende. Somit schließt sich der Kreis der fünf Elemente, die im Schöpfungsmythos mit der Trennung des Lichts von der Finsternis begann.
Die Schwingungen des Äthers sind noch feiner und schneller als die Gedanken des Luftelements und das Gegenteil der schwerfälligen Erde. Ihr Gewicht fällt uns besonders dann auf, wenn wir aus unseren Träumen, Meditationen und Visualisationen erwachen oder Zeuge paranormaler Erscheinungen werden. Daran muß man sich vielleicht erst gewöhnen. Für Kinder, die in diesem Element noch zu Hause sind, sind sie das Selbstverständlichste der Welt.

Visionen einer anderer Wirklichkeit

Judith berichtet von der Geburt Ihres Kindes und dem Sterben Ihres Vaters, Ereignisse, die innerhalb weniger Wochen zusammenfallen. Dieses Kommen und Gehen ist vielen Familien bekannt und deutet daraufhin, wie ihre Mitglieder in einem uns nicht verständlichen, das heißt höheren Sinn, verbunden sind. Während dieser Zeit hat Judith eine Vision:

Total erschöpft stille ich mein neugeborenes Kind. Wehmütig denke ich an das Sterben meines Vaters, der fernab, in einem anderen Land, sich nach einem Gott sehnt, zu dem er „heimkehren“ kann. Bei dem Gedanken, daß es diese höhere Macht vielleicht gar nicht gibt, steigt tiefes Bedauern für meinen Vater auf. Mit dieser Traurigkeit im Herzen scheine ich für einen Moment einzunicken. Dabei steigen Bilder auf, deren klare Schönheit ich kaum beschreiben kann.

20.9.1976

Gibt es einen Himmel auf Erden?

Vor mir, ich bin mir bewußt, daß ich auf dem Stuhl sitze, sehe ich einen großen Raum, der eine unendliche Weite vermuten läßt. Er ist mit einem wunderbaren klaren Blau und einer schwerelosen Leichtigkeit angefüllt. Inmitten dieses Raumes steht eine einzelne Tür. Sie ist um fünfundvierzig Grad geöffnet, so daß mein Blick in eine strahlende Helligkeit von atemberaubender Schönheit fällt. Der Glanz tut den Augen nicht weh. Vielleicht ist es mein spirituelles Auge, mit dem ich dieses himmlische Licht sehe.

Denn als ich wieder zu mir komme, bin fest davon überzeugt, daß ich in den „Himmel“ geguckt habe. Meine Traurigkeit ist wie weggefegt, und es scheint mir merkwürdig, daß ich diese schweren Gedanken überhaupt gehabt habe. Ich fühle mich ungewöhnlich gestärkt, körperlich fit, frei und erleichtert. In der alles durchdringenden Gegenwärtigkeit der Vision lösen sich die vergangenen und zukünftigen Gedanken einfach auf.

Sie sind mit der ganzen Welt und allen Menschen verbunden.

Ein Netzwerk telepathischer Verbindungen

Inzwischen haben Sie schon soviel über das Wesen der Träume und Ihre Wirklichkeit erfahren, daß es für Sie immer natürlicher werden wird, mit der ganzen Welt und allen Menschen verbunden zu sein. Wir beeinflussen uns gegenseitig. Auch Sie gehören zu den Erfahrungen Ihrer Mitmenschen. Deshalb ist es von großer Wichtigkeit, wie Sie über andere denken, da auch diese Gedanken die Matrix Ihrer persönlichen Realität sind. Wundern Sie sich nicht, wenn Sie die Gedanken anderer zu lesen vermögen oder Geheimnisse erahnen, die sorgsam gehütet werden. Ihre Aura, ein energetischer Strahlenkranz, der Ihren Körper und alle stofflichen Dinge umgibt, überträgt mentale Schwingungen auf höhere oder niedere Ebenen und kreiert ein Netzwerk telepathischer Verbindungen, das unterschwellig zwischen Bewußtheit und Unbewußtsein liegt. Diese Telepathie kann derart trainiert werden, daß Ihnen nichts mehr fremd ist und Sie Zugang zu allem Wissen haben.

Eine Mutter, die sich in Mathematik und Physik für unwissend hielt, wußte dank eines Traumes ihrem zehnjährigen Sohn die Struktur eines Stromnetzes zu erklären. Sie half ihm, eine Zeichnung zu entwerfen, die in ihrer Genauigkeit beeindruckend war. Als sie diese Information nicht mehr brauchte, schienen ihre wissenschaftlichen Kenntnisse wie von der Bildfläche verschwunden zu sein.

Die Kommunikation mit Ihren Träumen und Visionen wird einfacher, wenn Sie sich vor dem Schlafengehen, aber auch hin und wieder während des Tages, entspannen. Autogenes Training, Meditation, Schwingungen von sanfter Musik, Klangschalen oder Windgongs bringen Sie in atmosphärisch höhere Vibrationen. Gleiches geschieht, wenn Sie Kontakt mit der Natur aufnehmen. Begrüßen Sie die Sonne am Morgen, und verabschieden Sie sich von ihr am Abend. Schikken Sie Ihren Traumwunsch an einen Regenbogen oder an eine Sternschnuppe. Salutieren Sie dem sternklaren Himmel oder den vorbeiziehenden Wolken. Bitten Sie den Mond als Paten Ihrer Träume, Ihre Sehnsüchte gütig aufzunehmen und an den Großen Geist weiterzuleiten. Lassen Sie sich von der Leichtigkeit und Unbeschwertheit himmlischer Kräfte tragen. Die Qualität Ihrer Stimme, die Ihre Gedanken und Gefühle ausdrückt, beeinflußt auch die verschiedenen Ebenen der Kommunikation. Ein Lied oder das Singen eines Lautes, wie AUM oder OM, wirkt sich harmonisierend auf Ihren Geist aus. Das ruhige Schweigen in der Stille, die

Lassen Sie sich von der Unbeschwertheit himmlischer Kräfte tragen.

innere Sammlung und das Gebet bewirken die Rückkehr zur Urquelle auf stets höheren Stufen Ihres Bewußtseins. Frieden und Geistesfreiheit, die Sie dabei gewinnen, schützen Sie vor den Projektionen fremder Autoritäten.

Engel gibt es

Der Engel ist die Urgestalt Ihrer Person. In diesem Bild redet Gott in der Gestalt des eigenen Wesens zu Ihnen. Jeder Mensch hat einen persönlichen Schutzengel, der warnt und mahnt und immer bei Ihnen ist. Er zeigt Ihnen den Weg und schützt Sie vor Gefahr und kommt Ihnen zu Hilfe, besonders wenn Sie darum bitten. Sobald Sie gelernt haben, still zu werden und zu lauschen, werden Sie von seinem strahlenden Glanz und seiner grenzenlosen Kraft berührt. Diejenigen, die Engel gesehen haben, zumeist als Kinder, finden kaum Worte, sie zu beschreiben. Eindrücke von unendlichem Frieden, überwältigender Liebe oder ungewöhnlich hellem Licht bleiben unvergeßlich.

Der Engel ist die Urgestalt Ihrer eigenen Person.

Vögel als Träger geheimer Botschaften

So wie die Engel bringen Ihnen die Vögel besondere Botschaften; Gattung und Botschaft bilden eine Einheit. Einige von ihnen haben Sie auf der Tabelle im Luftelement bereits kennengelernt. Da Vögel erstaunlich weite Strecken überwinden können, werden sie als Überbringer tiefen Wissens und geheimer Kunde von „weither“ verstanden. Symbolisch weist ihr Erscheinen auf transzendentale Ereignisse im Leben des Träumers hin, die über seine allgemeinen Erfahrungen hinausgehen. Der Vogel kann sich sogar selbst transformieren bzw. ein Mensch zu einem Vogel werden. Der Rabe scheint dafür ein bevorzugtes Medium zu sein. Die Schamanen, die sich in solche Vögel zu verwandeln wußten, überwanden damit die Polarität. Auch Ihnen kann das im Traum gelingen, denn in vielen Märchen geschieht es ebenso.

Das Mädchen wird in einen Raben verwandelt

Es war einmal eine Königin,
die hatte ein Töchterlein.
… und als es nicht Ruhe hielt,
ward sie ungeduldig.
Und weil die Raben so um das Schloß herumflogen,
öffnete sie das Fenster und sagte,
„ich wollt, du wärst ein Rabe
und flögest fort, so hätt' ich Ruhe."

Unruhe und Ungeduld in Mutter und Kind und die umherfliegenden Raben draußen, deren Eigenschaften das Kind annimmt, stellen ein Ineinanderfließen von Wahrnehmungen, Gefühlen, Gedanken, Wünschen, und Aktionen dar, die fast wie in einem einzigen Augenblick wirksam sind. Genauso unkompliziert und unmittelbar erschaffen Sie Ihre persönliche Realität.

Der Traum ist ein alternativer Bewußtseinszustand.

Im nächsten Traum begegnen sich Realität und Wirklichkeit, indem Raum und Zeit in klassischer Weise miteinander verbunden sind. In unserer Traumgruppe berichtet einer der Teilnehmer vom plötzlichen Tod eines mit uns befreundeten Arztes. Einen dazu passenden Traum, den Karen vor sieben Jahren im Zusammenhang mit einem Besuch in seiner Praxis geträumt hatte, hatte sie an diesem Abend spontan aufgeschrieben und mitgebracht, ohne daß sie um seinen Tod wußte.

6.10.1991

Der weiße Vogel durchbricht das Glas

Ich träume, daß ich von einem flatternden Geräusch aufwache. Es kommt von einem weißen Vogel, der versucht, die Glaswände eines riesengroßen, meterhohen, sich nach oben hin verjüngenden Gewächshauses zu durchbrechen. Das gelingt ihm mühelos. Er durchbricht das Glas. Ich schaue von unten zu und sehe, wie der Vogel in den unendlich weiten klaren blauen Himmel fliegt. Ich bleibe mit einem wehmütigen Gefühl zurück, aber auch mit dem Wissen, daß es so richtig ist.

Schmetterlinge als Symbol für Transformation

Ähnlich wie die Vögel stehen die Schmetterlinge für verschiedene Arten von Transformationen. Nicht immer ist damit das körperliche Sterben gemeint, wie es der nächste Traum porträtiert, der hier den schmerzlichen Übergang vom Sterben zum Leben zeigt. Der Traum verschweigt nicht, wie schwer der Träumerin das Loslassen fällt bzw. sie diesen „Todeskampf" bei ihrer Schwester erlebt.

Im Übergang vom Sterben zum Leben geschieht Transformation.

29.9.1997

Die zartblauen Schmetterlinge wollen in die Freiheit

Irgendwie sind zwei Betten miteinander verschachtelt. Mittendrin sehe ich eine gebrechliche Gestalt, vielleicht die eines Mannes. Sein Körper ist mit dünnem Stacheldraht umwickelt. Jetzt wird er heftig aus einem der Betten gezogen und steht aufrecht daneben. Aber der Stacheldraht zieht sich um seinen Hals zusammen. Ich bin entsetzt. Ich kann nichts tun, bin hilflos.

Die Gestalt, in Grau gekleidet, scheint in einem kleinen Dachzimmer zu sein und schaut zu einer alten Balkendecke hinauf. Ihr Gesicht und die Zimmerdecke werden von fahlgelbem Zwielicht, das wie feiner verstreuter Sand unmerklich zittert, angestrahlt. Unter der Decke bewegen sich ganz vorsichtig viele verschiedene kleine blaue Schmetterlinge. Ob sie ihrem Scheitel entsprungen sind? Etwas beschwerlich hebt sie den rechten Arm, den sie nicht mehr ganz auszustrecken vermag, um sie einzufangen. Oder verabschiedet sie sich von ihnen? Eine tiefe mütterliche Sehnsucht berührt diese Bewegung. Das Licht wird heller, und die Schmetterlinge werden etwas größer, und aus den vielen werden drei. Sie sehen reizend aus, zartblau und hauchdünn, mit hellen Punkten in der Mitte. Ich glaube, die Gestalt möchte die Schmetterlinge zurückhaben, und doch muß sie wehmütig akzeptieren, daß sie in die Freiheit wollen.

Trost gibt uns der nächste Traum, dessen Wahrheit zeigt, daß die Schmerzen, die wir erleben, an sich Illusionen sind, denn an sich ist die Wirklichkeit ganz anders. Wenn wir es nur sehen würden. Zumindest im Traum können wir die Wahrheit erkennen.

14.6.1998

So war es immer schon

Wir sind das Ganze und zugleich Teil des Ganzen.

Ich bin in einem mir bekannten Raum. Alles ist ganz real. Mehrere Frauen, die ich vor einigen Monaten in einer Gruppe erlebt habe, sind mit mir in diesem Zimmer. Wir sind jedoch hauchdünne Wolkenscheiben, die in sich beweglich sind und ihre Form nach Belieben verändern und durch alles hindurchdrängen können, z.B. durch alles Gegenständliche. Wir durchdringen und vereinigen uns auch gegenseitig, sind eins, aber auch wieder getrennt. Mein eigenes Ego, Eitelkeit, Stolz usw. sind vollständig abgelegt. Ich habe weder Gedanken noch Gefühle. Ich bin nicht mehr. Wir sind das Ganze und zugleich Teil des Ganzen.
Als ich wach werde, bin ich gleich hellwach und durchflutet von der Erkenntnis: So war es immer schon. Ich sehe, daß auch andere Menschen, die ich treffe, so leben; sie wissen es nur nicht.

Persönliche Affirmation

Mein Schutzengel begleitet mich.

Tägliche Erfahrungen

Schulen Sie Ihre telepathischen Fähigkeiten.

Ehe Sie Ihren Briefkasten oder Ihre E-mail öffnen, Ihre Türklingel oder das Telefon beantworten, raten Sie, was oder wer Sie erwartet. Beim Karten- oder Würfelspiel können Sie ebenfalls Ihr Vorausahnen üben.

Notizen vom Traum und Erwachen

Welche ungewöhnlichen Träume und Tageserlebnisse haben Sie kennengelernt?

Finden Sie Gehör bei Ihrer Familie und in Ihrem Freundeskreis? Wenn man Ihren Erfahrungen skeptisch gegenübersteht, haben Sie sie selbst noch nicht vollkommen akzeptiert.

So deute ich meine Träume

Je tiefer wir
unser innerstes Wesen
durchdringen,
desto stärker wird die Kraft,
die wir besitzen.

Nachtlichter erhellen Ihren Tag

Wenn Sie an dieser Stelle angelangt sind, warten Sie bestimmt mit Spannung darauf, Ihr Wissen über die Träume praktisch umzusetzen. Die Arbeitsblätter Seite 153, 154 geben Ihnen eine Übersicht über die Punkte, die Sie bei Ihrer Traumdeutung berücksichtigen sollten. Am besten machen Sie sich davon Kopien, die Sie dann griffbereit für Ihre Traumdeutung zur Hand haben.

Gehen Sie ohne jede Vermutung und ohne jedes Vorurteil an die Arbeit. Wenn Sie von vornherein eine bestimmte Deutung im Auge haben, geraten Sie leicht in die Irre, auch wenn Ihre Interpretation sehr vernünftig klingt. Intuition, Gefühl und ein Gespür für Zusammenhänge sind gefragt. Bleiben Sie im Zentrum oder wenigstens in der Nähe des Traumes. Schließlich sind Sie es selbst, der/die im Mittelpunkt steht.

Abschließend werden wir uns ein paar Träume näher ansehen, die kurz hintereinander geträumt wurden. Ich habe sie deshalb gewählt, weil ihre Anzahl beeindruckend, ihre Symbole umfassend und das Thema über „Vernachlässigte Grundbedürfnisse“ aktuell ist. Der nächste Traum befaßt sich mit einer alltäglichen Inkubationsfrage und will zeigen, wie klar und eindeutig der Traum darauf eingeht. Danach untersuchen wir Kontraste und paradoxe Widersprüchlichkeiten auf ihren Wahrheitsgehalt. Der Abschnitt über „Aktive Traumarbeit“ möchte Sie ermutigen, Träume und Wirklichkeit derart miteinander zu verbinden, daß Sie gemäß Ihren Wünschen und Vorstellungen Ihre Welt gestalten. Die Aufstellung Ihrer eigenen *Patente* wird Ihre Traumarbeit kreativ unterstützen.

Welcher Titel und welches Thema passen zu Ihrem Traum?

Am besten nehmen Sie nun Ihren Traumtext, in der Gegenwart aufgeschrieben und mit Datum versehen, zur Hand und spüren nach, welcher Titel und oder welches Thema Ihnen spontan dazu einfällt. Während der Auseinandersetzung mit Ihrem Traum werden Sie wahrscheinlich beides ein paar Mal

Fassen Sie Ihren Traum mit wenigen Sätzen zusammen.

ändern wollen. Wenn es sich um einen längeren Traum handelt, dann versuchen Sie, seine Handlung in ein paar Sätzen zusammenzufassen; auch ein einziger Satz genügt, solange er ausdrückt, worum es in Ihrem Traum geht. Halten Sie sich dabei streng an den Traum und nicht an das, was Sie darüber denken.

Um die Atmosphäre des Traumes zu erfassen, notieren Sie die Gefühle, die im Traum und nach dem Erleben des Traumes auftauchen. Beachten Sie auch Ihre Körpergefühle, die Sie beim Aufwachen wahrnehmen, und die Gedanken, die Ihnen einfallen.

Von welchen Gefühlen wird Ihr Traum bestimmt?

Nun erinnern Sie sich daran, welche Gedanken und Gefühle Sie beim Einschlafen erlebt haben. Werfen Sie auch einen Blick auf die Tagesnotizen und sonstigen Ereignisse. Falls Sie mit einer Inkubationsfrage eingeschlafen sind, stellen Sie fest, wie der Traum darauf eingegangen ist.

Erzählen Sie nun Ihren Traum, oder lesen Sie ihn noch einmal durch. Wenn Sie wollen, lesen Sie ihn laut, mit Gefühl und Empfindung. Entdecken Sie Kontraste zwischen Text und Empfindung? Bringt eine besorgniserregende Diagnose Sie zum Lachen? Entwickelt sich ein Gefühl der Erleichterung für eine Situation, über die Sie sich tagsüber zu grämen pflegen? Überprüfen Sie immer wieder, ob Sie im Bauch (fühlen) oder im Kopf (denken) sind.

Als nächstes stellen Sie fest, wo der Traum seinen Höhepunkt erreicht; davon läßt sich unter Umständen auch der Titel ableiten. Bewegt sich danach der Traum langsam oder plötzlich auf das Ende zu? Denken Sie daran, daß Sie immer einem Traum entsteigen, auch wenn Sie sich an keinen erinnern.

Das Bühnenbild zeigt, wo und wann sich der Traum abspielt und wie die Zeiträume miteinander in Beziehung stehen. Sie reflektieren die Nähe oder Distanz, die Sie zu dem Traumerlebnis einnehmen. Je näher Sie sind, um so mehr erleben Sie und um so schneller „fliegt" die Zeit dahin; aus alledem ergibt sich die emotionale Intensität, mit der Sie Ihr Leben in Schwung halten.

Die Frage, welche Personen in Ihrem Traum erschienen sind, kann zügig beantwortet werden. Beschreiben Sie Ihre Traumgestalten: Aussehen, Bekleidung, Eigenschaften, Verhalten und in welcher Beziehung Sie zu ihnen stehen. Beschreiben Sie sich selbst. Wenn Sie im Moment nicht viel über sich zu sagen haben, dann trösten Sie sich mit dem Gedanken, daß Sie sich auch in den anderen Gestalten wiederfinden können.

Was wollen Ihnen Ihre Traumgestalten sagen?

Die Aufzählung der im Traum vorkommenden Objekte dürfte auch kein Problem bereiten. Beschreiben Sie sie jedoch so, als ob Ihr tatsächlicher oder imaginärer Zuhörer noch nie von diesem Gegenstand gehört hätte. Damit drükken Sie nämlich aus, wie Sie zum Beispiel zu diesem Schrank oder jenem Spiegel stehen. Jeder würde etwas anderes dazu sagen, weil die Gegenstände durch die damit gemachten Erfahrungen persönlich animiert sind.

Was Sie in Ihrem Traum ungewöhnlich finden, lohnt sich festzuhalten. Vergessen Sie ebenfalls die Farben nicht. Man muß einfach daran glauben, daß es auch bunt zugehen kann. Schreiben Sie auf, mit welchen Farbimpressionen der Traum aufwartet. Strahlende Farben und helles Licht sind ein wunderbares Omen.

Fragen, Antworten, Ausrufe sind an sich so eindeutig, daß man sich als erstes beim Aufwachen daran erinnert, besonders, wenn man beim Namen gerufen wird. Meistens ist mit diesem Aufruf eine Mahnung verbunden. Hören Sie zu, was Ihnen gesagt wird. Es ist wichtig.

Je nach der Länge Ihres Traumes, wird die Symboldeutung etwas Zeit beanspruchen, aber sie ermöglicht Ihnen auch, in den Kern des Traumes einzusteigen. Beschäftigen Sie sich zuerst mit der wörtlichen Bedeutung eines Symbols und notieren Sie dann, welche persönliche Assoziationen Ihnen dazu einfallen. Wenn Sie soweit vorgedrungen sind, werden Ihnen ein paar Assoziationen zu einem Märchen, einem Sprichwort oder einem Mythos nicht schwerfallen; damit vertiefen Sie die gefundenen Symbole. Vielleicht hören Sie „zufällig“ etwas im Radio oder lesen eine Geschichte dar-

Jeder gedeutete Traum ist ein Stück Bewußtseinswerdung.

über. Der Synchronismus solcher Fälle drückt die tiefere Bedeutung eines Symbols aus.

Die Botschaft, die der Traum vermittelt, fällt Ihnen nach den Zwiegesprächen mit ihm wie ein reifer Apfel in den Schoß. Mit vollbepackten Koffern kommen Sie dann von Ihrer Traumreise zurück und haben die Chance zu entscheiden, was Sie mit Ihren Schätzen machen. Ihr Handeln beeinflußt Ihre Gefühle, Ihr Denken und wiederum Ihre Träume, die Ihre Talente, Fähigkeiten und Potentiale ins Bewußtsein heben. Lassen Sie sie nicht brachliegen, und verwalten Sie die Ihnen anvertrauten Pfunde gut.

Traumblatt: So deute ich meine Träume

Datum ______________

Tagesnotizen und sonstige Ereignisse

____

Gedanken und Gefühle beim Einschlafen

____

Inkubationsfrage (Bitte an die Traumkraft)

____

Thema des Traums

____

Handlung (1 bis 2 Sätze)

____

Traumtitel (Motiv des Traumes)

____

Traumtext (Handlung kurz zusammenfassen)

____

____

Höhepunkt

____

Gefühle im Traum und beim Aufwachen

____

Körpergefühl beim Aufwachen

____

Gedanken beim Aufwachen

____

Bühnenbild (Ort und Zeit)

____

Ereignis

____

Personen (bekannt oder unbekannt + Beschreibung)

____

____

Woran erinnern mich die Gestalten?

____

Tier oder Fabelwesen (und Beschreibung)

Ungewöhnliche Eindrücke (überbetont, widersprüchlich)

Farben, Schattierungen, Kontraste

Fragen, Antworten, Feststellungen

Das auffallendste Symbol

Bedeutung der Symbole

Wörtliche Bedeutung	*Individuelle Assoziation*

Welche mythologischen Geschichten/Gestalten, Märchen, Sprichwörter, religiöse Symbole usw. fallen mir zu meinem Traum ein?

Botschaft des Traums

Wie kann ich die Botschaft umsetzen?

Persönliche Affirmation

Tägliche Erfahrungen

Notizen vom Traum und Erwachen

Praktische Übungen

Eine Triologie

1. Traum 13.3.1998

Tagesnotizen und sonstige Ereignisse
(beschreibt die Überarbeitung)

Inkubationsfrage
Ich wünsche mir einen klaren Traum, wie ich meine Arbeit schaffe.

Thema
Wie erkenne ich meine Bedürfnisse?

Handlung
Mein Haus ist besetzt, obwohl renoviert, müssen Mängel noch beseitigt werden, ein hungriger Junge verlangt nach der Küche. Ein großer kräftiger Mann bedroht mich deswegen mit einem Messer. Trotz Angst weiche ich nicht von der Stelle.

Hunger ist eine Unverschämtheit

Ich bin in einem mir unbekannten Haus, im Hauptraum des Erdgeschosses. Eine resolute Frau, die ich für die Renovierung des Hauses beauftragt habe, ist ebenfalls da und einige Leute, unter ihnen ein sehr großer Mann. Sie bedrohen mich, und ich habe nichts mehr zu sagen.
Die Frau ist mit ihrer Arbeit fertig. Als ich das Haus abnehme, strenge ich mich an, in alle Ecken zu schauen, aber ich kann nicht viel sehen, da die Räume nicht sehr hell sind. Im Hauptraum entdecke ich in der rechten Ecke, daß eine ganze Reihe von Kacheln fehlt, der Hohlraum nicht geschlossen und die Fläche nicht verputzt ist. Einer von der „Besetzergruppe" sagt, daß das wohl noch gemacht werden müsse.
Da kommt ein Junge aus dieser Gruppe zu mir und fragt fordernd nach der Küche, da er Hunger habe. Ich finde seine Forderung unverschämt und sage ihm, daß es nichts gäbe. Daraufhin erhebt sich der große Mann, um der Forderung des Jungen Nachdruck

zu geben und kommt mit seinem Messer auf mich zu. Ich spüre Macht, Gewalt und Angst, denn in einem Handgemenge würde ich untergehen. Der Junge aber bittet den Mann: „Nicht mit dem Messer, nicht mit dem Messer!“
Ich stehe einfach da und weiche der Bedrohung nicht aus. Während der Koloß von Mann auf mich zukommt, denke ich, daß mir jetzt nur eine Pistole helfen könnte, aber ich habe keine.

Höhepunkt
Mann kommt mit dem Messer auf mich zu.

Körpergefühle beim Aufwachen
Herzrasen.

Gefühle beim Aufwachen
massive Angst, die eine ganze Weile andauert.

Gefühle im Traum
Bedrohung (Haus ist besetzt), Anstrengung (alle Mängel zu entdecken), Entrüstung (Junge erlaubt sich, hungrig zu sein), Macht (großer Mann), Gewalt (Bedrohung mit dem Messer), Hilflosigkeit (komme nicht gegen den Koloß und das Messer an, habe keine Pistole), Ausweglosigkeit (weiche nicht, trotz Angst).

Bühnenbild (Ort und Zeit)
Hauptraum im Erdgeschoß eines unbekannten Hauses, halbdunkle Räume; tagsüber.

Personen (bekannt und unbekannt)
Ich selbst als Hauptdarsteller; etliche Leute, eine resolute Frau, ein Koloß von Mann, ein hungriger Junge – mir alle unbekannt.

Ungewöhnliche Einzelheiten
Fehlende Kacheln, unverschlossener Hohlraum, nicht verputzte Wandfläche, die Größe des Mannes, der hungrige Junge.

Farben/Schattierungen
Halbdunkle Räume.

Fragen, Antworten, Ausrufe
„Nicht mit dem Messer", zweimal.

Symbole

wörtlich	*individuell*
Haus – Bleibe, Existenzgrundlage	Körper, Persönlichkeit
Messer – Küchenutensil, Handwerkszeug	gefährliche Waffe, Gefahr des Erstechens
Hohlraum – ein Raum, der offen ist	etwas ist nicht geschlossen
Kacheln – glatt, Schutz, Verkleidung	fehlt
Unverputzte Fläche – nicht gestrichen	Versäumnis

Welche mythologischen Gestalten, Sprichwörter oder Märchen fallen mir dazu ein?
David und der Riese Goliath (David ist aber sehr verzagt).

Botschaft des Traumes
Die ursprüngliche Frage heißt, wie Jochen besser mit der Bewältigung seiner Arbeit umgehen könnte. Der Traum sagt klar, daß er sich, um das zu erreichen, um seine eigenen Bedürfnisse kümmern muß: Finde die Mängel in deinem Körper, sieh genau hin. Kümmere dich um deine Bedürfnisse, deren Befriedigung bedroht ist.

Wie kann die Botschaft umgesetzt werden?
Achte auf meine Bedürfnisse, ärztliche Untersuchungen.

Bemerkungen
Das unbekannte Haus ist der unbekannte Teil in mir. Es gibt Mängel, die ich mich anstrenge zu sehen und die in Ordnung gebracht werden müssen. Ich habe nichts mehr zu sagen – ein Motiv, das öfters in meinen Träumen vorkommt –, weil

etwas Fremdes, Gewaltiges, die Besetzergruppe, das Kommando übernommen hat.
Ich finde es unverschämt, daß der Junge es wagt, Hunger zu haben. Da die Gestalten in meinem Traum Teile von mir selbst sind, scheine ich dieser Junge zu sein. Hunger zu haben ist eine Unverschämtheit. Aus der Nachkriegszeit weiß ich, was Hunger ist. Man fühlt beschämt, wenn der Hunger quält und man nach Eßbarem sucht.
Früher waren meine Bedürfnisse nicht willkommen, heute verstecke ich sie. Ich habe große Schwierigkeiten, mir meine Wünsche zu erfüllen. Ich gerate in Wut, wenn ich sie anderen verständlich machen muß (die doch wissen müßten, was ich brauche). Die Wut scheint Schmerz und Angst vorübergehend zu beseitigen. Aber dann fühle mich von den Aggressionen anderer massiv bedroht und beschließe von neuem, meine Wünsche zu verleugnen. Aber sie verschwinden nicht, so daß ich ständig damit beschäftigt bin, sie unter Kontrolle zu halten.

Erkennen Sie Ihre Bedürfnisse.

Hunger und Sattwerden beschäftigen mich. Ich habe viele Träume von Festgelagen, bei denen Essen und Trinken angeboten werden, aber ich zum eigentlichen Essen gar nicht komme. Ich weiß auch nicht, wie ich mich um die Bedürfnisse meines Körpers kümmern kann. Die „Besetzergruppe" sind die Bedürfnisse, die in Wut geraten und aggressiv geworden sind, weil sie „nichts zu essen bekommen". Sie halten meinen Körper besetzt und fordern ihr Recht: Meine Gesundheit. Wenn ich meine Mängel beseitige und die Löcher stopfe, dann ziehen sie wieder ab. Wenn ich das nicht tue, bringen sie mich um. Der Junge fleht: „Nicht mit dem Messer, nicht mit dem Messer." Was meint er?

2. Traum (aus der gleichen Nacht)

Thema
Wie erkenne ich meine Bedürfnisse?

Handlung
Bei Vorbereitungen zu einem Fest bekommt eine ältere Dame einen Herzinfarkt.

Lebensgefahr

Ich bin bei der Vorbereitung eines Festes behilflich, obwohl ich keine eigentliche Aufgabe habe. Ich versuche einen Eisenstab in die Erde zu schlagen, an dem ein Gerüst befestigt werden soll. Alle anderen Stäbe sehen aus wie krummgebogene Tomatenstangen. Einen langen schmalen Tisch und einen Zaun stellen wir als visuelle Barriere vor das Gerüst, damit die Menschenmenge später den Tisch, auf den Speisen aufgetragen werden, nicht umrennt.

Plötzlich sehe ich, wie eine mir unbekannte ältere Frau hinter dem Tisch in sich zusammensinkt. Sie bleibt auf der Seite liegen. Ich eile zu ihr. Sie hat ein sanftes Gesicht, und ihre Augen sind geschlossen. Ich umfasse ihren Kopf und ihre Schultern, damit sie sich umsorgt und geborgen fühlt. Ich drehe mich um und bitte eine mir mit dem Rücken zugekehrten Frau, die vielleicht meine Nichte und sehr unwillig ist, schnell Hilfe zu holen, die aber nicht kommt.

Währenddessen wird die Frau jünger. Ihre Augen sind geöffnet, und ihr Oberkörper zittert heftig, wie ich es vor einem Jahr bei einer Nachbarin erlebt habe. Mir wird klar, daß sie sterben könnte. Ich bleibe bei ihr ... Wir kommen überein, daß es besser wäre, auf der rechten Seite zu liegen, und ich bette sie um. Die Schmerzanfälle, die das Schütteln verursacht haben, wiederholen sich noch ein paar Mal, aber dann scheint das Schlimmste überstanden zu sein. Ich sage den anderen und der Frau, daß sie einen kleinen Herzanfall erlitten hätte. Die Kranke antwortet mir nicht.

Dann entferne ich mich vom ursprünglichen Geschehen und sorge mich um den mit Speisen bedeckten Tisch, und ob er dem Ansturm der Gäste standhalten kann.

Körpergefühl beim Aufwachen
Schwere, Beklemmung.

Gefühle beim Aufwachen
Verantwortung und Besorgnis.

Bühnenbild
Im Freien, eine offene Wiese.

Personen
Unbekannte ältere Frau mit Hut, Personen, die beim Gerüstaufbau und Vorbereitungen helfen, Menschenmenge.

Beschreibung
Frau hat ein sanftes Gesicht, trägt einen Hut, wird allmählich jünger, Oberkörper zittert vor Schmerzen. Bleibt unbeteiligt, als ich ihr von ihrem Herzinfarkt berichte.

Objekte
Gerüst/Podest, ein Eisenstab, alte Tomatenstangen, schmaler, längerer Tisch mit Speisen, kleiner Zaun als Barriere.

Ungewöhnliche Einzelheiten
Frau wird jünger.

Fragen, Antworten, Feststellungen
Die Frau könnte sterben, sie sagt nichts dazu.

Symbole

allgemein	*individuell*
Fest – Ereignis, Freude, Zusammensein	Verantwortung
Gerüst / Podest – Erhöhung	soll hinweisen, aufmerksam machen
Eisenstab – fest, solide, schwer	Stabilität verleihen Stab – höhere Autorität als Zepter?
Tomaten – Nachtschattengewächs	Medizin für Herzbehandlung (Digitalis)
Tomatenstangen – Unterstützung	schwach, unbrauchbar
Zaun – Abgrenzung, Hinweis	Schutz

Tisch – Möbelstück, Ablageplatz wichtig bei Zusammenkünften	Eßtisch
Speisen – Ernährung	Befriedigung
Hut – Kopfbedeckung	Schutz
Gäste – Einladung, Geselligkeit	Zusammensein
Menschenmenge, Masse – einzelne zählt nicht	Verlorensein

Botschaft des Traumes
Gefahr, kümmere dich um dein Herz.

Botschaft umsetzen
Arztbesuch.

Bemerkungen
Die Frau bricht hinter dem Tisch zusammen. Sie hat einen Herzinfarkt. Das Gerüst und der Eßtisch könnten auch zusammenbrechen. Die Eisenstange erinnert an Stab und höhere Führung. Eisen ist ein Spurenelement, das Sauerstoffmoleküle bindet und den Eisengehalt im Blut ausdrückt. Die Tomatenstangen lassen an Tomaten denken, die rot sind, so wie das Blut. Jochens Blutdruck ist erhöht.

3. Traum (eine Nacht später)

Thema
Vertrauen.

Handlung
In einer mir fremden Stadt gehe ich in ein Krankenhaus, das aber eher wie ein mehrstöckiges Bürogebäude aussieht, um mich untersuchen zu lassen. Eine Art Krankenschwester hilft mir.

Auf der Suche

Ich bin in einer mir fremden Stadt und gehe in ein Krankenhaus, ein mehrstöckiges, dunkel aussehendes unscheinbares Gebäude, das nicht wie ein Krankenhaus aussieht. Da die Aufnahmestation nicht ausgeschildert ist, fahre ich in den zweiten Stock. Hier weisen mich ein paar Leute in den sechsten Stock. Ich benutze den Aufzug. Aber auch dort bin ich nicht richtig, so daß ich zwei kurze, enge Treppen, die sich seitlich von dem Empfangsflur befinden, wieder hinuntergehe.

Jetzt bin ich richtig, und eine junge Frau, die nicht wie eine Krankenschwester aussieht, nimmt sich meiner an. Ich gebe ihr meine Überweisung, auf der oben „Herz/ … /Leber" steht. Ich wundere mich nicht über die Diagnose, ich fühle mich total in Ordnung. Dann geht die Schwester mit mir in einen hinteren Raum, und ich lege mich auf ein Bett. Sie spricht mit mir, als wir uns mir einigem Abstand auf meinem Bett gegenüberliegen. Wir sehen uns an.

Gefühl beim Aufwachen
Ruhe, Gelassenheit.

Bühnenbild
Fremde Stadt, Krankenhaus/Bürogebäude.

Personen
Unbekannte Frau, die nicht wie eine Krankenschwester aussieht, etliche Leute, die mich weiterschicken.

Charakter der Frau
Verständnisvoll, ruhig, geduldig.

Objekte
Überweisungsschein.

Gedanken und Gefühle während des Traumes
Wundere mich nicht über Diagnose, fühle mich in Ordnung.

Ungewöhnliche Einzelheiten
Krankenhaus und Krankenschwester sehen nicht wie solche aus. Diagnose beunruhigt mich nicht. Finde Aufnahmestation nicht.

Symbole

wörtlich	*individuell*
Krankenhaus – Behandlung für Kranke	Büro, wo man etwas erledigt
Krankenschwester – Hilfe	Vertrauen, jemand kümmert sich
Aufzug – Transport von Lasten, Personen	nach oben kommen
Stockwerke – Einteilung von Gebäuden	aufstocken, Bilanz ziehen
Treppen – Verbindung von Stockwerken	Verbindung, Zugang
Aufnahmestation – Empfangsraum für Patienten	Identität
Bett – Möbelstück, schlafen, ausruhen	Untersuchungsliege
Untersuchung – feststellen, Mängel finden	Ich bin auf der Suche

An welche Sprichwörter erinnert mich der Traum?
Ich werde auf Herz und Nieren geprüft.

Botschaft des Traumes
Ruhe dich aus, sei geduldig, suche weiter, höre zu.

Botschaft umsetzen
Ärztliche Untersuchung, Herz, Leber und Nieren.

Wie kann Jochen seine Bedürfnisse erkennen?

Es fällt nicht schwer zu erkennen, mit welchen Themen sich Jochens Träume beschäftigen. Es liegt nahe, fachärztlich abklären zu lassen, ob die Träume die brenzligen Situationen übertrieben dargestellt haben. Die Absicht des Traumes ist es, aufmerksam und hellhörig zu machen. Intentionen und Motive des Träumers bestimmen dann über sein weiteres Wohlergehen.

Die Auseinandersetzung mit den Symbolen führt sie in die Mitte des Traums.

Die Auseinandersetzung mit den Symbolen führt uns an die Motive und das Thema des Traumes heran. Wenn Sie sich die Träume ansehen, werden Sie Gemeinsamkeiten entdecken, die sich fast durch alle drei Träume ziehen: Mängel, vernachlässigte Bedürfnisse und akute Erkrankungen. Symptomatisch ist, wie die Traumgestalten, einschließlich der Träumer selbst, darauf reagieren, und zwar mit Ansprüchen, Bedrohung, Ignorieren, Hilfestellung, Geborgenheit, Umsorgen und Gespräch.

Dreimal erwähnen die Träume, daß jemand auf der Seite liegt; die „Krankenschwester", die kranke Frau und der Träumer. Auch die Mängel des renovierten Hauses befinden sich auf einer Seite. Ist der Träumer zu einseitig, sich seiner selbst zu wenig bewußt? Hat der Verstand mehr zu sagen als das Herz? Hat Jochen ein organisches Problem, das sich auf der linken Körperseite befindet?

Es gibt Mängel, die gleich ins Auge fallen: das wackelige Gerüst, das vielleicht dem Ansturm der Gäste nicht standhält. Anstelle von soliden Eisenstangen gibt es ein paar brüchige Tomatenstöcke. Der Junge hat Hunger, die Frau einen Herzinfarkt und der Träumer Herz- und Leberprobleme, obwohl ihn das nicht zu stören scheint. Die damit verbundenen Gefühle sind in den Organ-Symbolen verborgen, mit denen Jochen noch emotionalen Kontakt aufnehmen müßte.

Unbekannte Personen sind zahlreich vertreten. Alle Gestalten sind dem Träumer fremd, außer der Nichte, die so nebenbei erwähnt wird und sanft einen persönlichen Bezug des Träumers zu seiner eigenen Hilfsbedürftigkeit herstellt. Die Nichte reagiert so unwillig wie Jochen selbst, wenn man die Notwendigkeit einer ärztlichen Untersuchung in den Raum stellt. Er wendet ihr den Rücken zu. Die Menschenmenge, die Besetzergruppe, der Mann und auch der Junge sind eine

Bedrohung. Die Frauen sind entweder resolut, sanft, krank oder schweigsam. Das renovierte Haus und seine Zimmer, die Stadt und das Krankenhaus hat er nie gesehen. Hier hat also der Träumer die Chance, sich und seine „Zustände" näher kennenzulernen, und es ist zu hoffen, daß er bald damit beginnt.

Inkubationstraum

Richten Sie eine klar formulierte Bitte oder Frage an Ihre Traumkraft.

Wie bereits am Anfang des Buches – siehe Seite 24 – erwähnt, können Sie sich mit einer Bitte direkt an Ihre Traumkraft wenden. Wenn Ihnen die Antwort dazu sehr wichtig und Ihre Frage kurz und klar formuliert ist, wird der Traum nicht zögern, sie zu beantworten. Sollten Sie nicht sofort zum Ziel kommen, wiederholen oder präzisieren Sie Ihre Bitte.

Marius und seine Familie sorgen sich um den in ihrer Straße drastisch angestiegenen Wasserverbrauch, dessen Kosten mit Hilfe der Wasseruhren prozentual auf die anliegenden Bewohner verteilt werden. Ungerechterweise machen die Nachbarn Marius, der einen großen Garten hat, für den hohen Wasserverbrauch verantwortlich. Er entscheidet sich, mit einer Inkubationsfrage der Sache auf den Grund zu gehen. Daraufhin hat Marius den folgenden Traum:

22.5.1998

Wer ist für den übermäßigen Wasserverbrauch verantwortlich?

Ich sehe, wie ein Nachbar durch unseren Garten schleicht. Vergeblich sucht er nach gefüllten Gießkannen, Anschluß eines Wasserschlauches usw. Langsam verläßt er unseren Garten. Dann kommt Serjes Freundin und erzählt mir, daß dessen Familie das Wasser „stehlen" würde. Nachts öffnen sie auf der Straße den Kanaldeckel und steigen hinein, um das Wasser für sich abzuzapfen.

Gefühl beim Aufwachen: Wut über den Nachbarn, daß er uns verdächtigt.

In der nächsten Nacht ertappt Marius den „Dieb" auf frischer Tat und stellt den mißtrauischen Nachbarn später zur Rede. Im übrigen neigt Marius dazu, sich schnell für „alles" verantwortlich zu fühlen, so daß es nicht von ungefähr kommt, daß er sich mit einem solchen Problem konfrontiert sieht.

Kontraste und Paradoxe

Wenn ein Traum unverständlich ist, kann man ihn auf seine Gemeinsamkeiten oder Unterschiedlichkeiten untersuchen und herausfinden, wie sie um das Thema kreisen. Das nächste Beispiel möchte Ihnen zeigen, wie die Wahrheit in Kontrasten und Paradoxen versteckt ist und durch Symbolvertiefung gefunden werden kann. Die beeindruckende Kreativität und Prosa eines Traumes wird hier wieder deutlich.

Die Wahrheit ist in Paradoxen versteckt.

6.6.1998

Ereignisse der letzten Tage:
Ich denke an meinen Bruder, der im Krankenhaus liegt und wohl nicht mehr lange leben wird. Später stelle ich fest, daß ich diesen Traum einen Tag vor seinem Tod geträumt habe. Aber erst beim Erzählen wird mir seine Bedeutung bewußt.

Mein Bruder und ich – Hoffnung für die Gejagten

Ich komme mit einem offenen Jeep an den Rand eines Waldes in eine Straßeneinmündung, wo ich ihn rechts abstelle. Eva [meine Frau] ist bei mir. Indem ich mich nach unten beuge, sehe ich nach, ob ich die Scheinwerfer des Autos ausgeschaltet habe. Ich sehe, wie vor mir ein großes Auto mit dem gelben Kennzeichen GB nach links unten einbiegt … Dann sehe ich zwei dunkle Rehe. Eines steht in unserer unmittelbaren Nähe, bei den Bäumen. Es ist ängstlich und bewegungslos. Ein anderes Reh befindet sich weiter hinten im Wald. Es kämpft mit einem großen Hund, aber es sieht so aus, als ob er der Unterlegene sein wird.
Ich sehe dann, wie ein Mann von etlichen Gestalten gejagt wird. Die „Jäger“ scheinen alle dunkelhäutig und eine eingespielte Bande zu sein. Einzeln stellen sie sich taktisch auf und verkürzen geschickt den Raum. Bald werden sie wohl den Gejagten gestellt haben.
Mir ist nicht sehr wohl bei allem. Ich kann dem Gejagten nicht helfen und will auch nicht zusehen, wie die Maskierten ihn massakrieren. Eva und ich wenden uns ab und murmeln etwas von

„Polizei holen“. Darauf scheint eine der dunklen Gestalten nur gewartet zu haben. Denn während wir uns vorsichtig und langsam, Fuß vor Fuß setzend, entfernen, kommt dieser mit einer langen Stange hinter uns her. Irgendwie weist er darauf hin, den Gedanken [die Polizei zu holen] fallenzulassen, und wirft etwas – wir sind gerade unter der Autobahnbrücke – in die Höhe. Ich glaube, es ist eine Pistole, und gebe unsere Absicht, die Polizei zu verständigen, auf.
Da kommt jemand. Ich glaube, es ist Detlaf, ein Bekannter, und sagt: „Alle Mädchen sind Buben.“ Mir ist klar, daß dieser Satz eine Verschlüsselung ist. Detlaf hat inzwischen die Polizei informiert, und ich schöpfe neue Hoffnung für den Gejagten.

Diskussion:

Entdecken Sie Symbolpaare.

Da die Gegensätze in diesem Traum auffallen, z.B. offen und geschlossen, groß und klein, unten und oben, hell und dunkel, weiß und schwarz, kann man nachsehen, ob nicht nur diese, sondern auch andere Symbolpaare wie eine Spirale das Thema des Traumes umringen. Auch um das Opfer schließt sich der Kreis der Täter immer mehr. Mit dieser Symbolvertiefung dringt man zum Kern vor, in dem seine Wahrheit verborgen liegt.
Der Traum setzt da ein, wo der Jeep zum Stillstand kommt und die Scheinwerfer ausgeschaltet werden. Diese Eröffnungsszene leitet nicht nur das Thema des Traumes ein, sondern erzählt die ganze Geschichte. Die Handlung des Traumes erklärt, wie es, symbolisch gesprochen, zum Ausschalten der Scheinwerfer gekommen ist. Man kann sich vorstellen, wie zum Zeitpunkt des Todes die lebenserhaltenden Geräte abgestellt werden, die der Verstorbene wegen seines Bronchialleidens benötigte.
In diesem Traum kontrastieren nicht nur die Symbole, sondern sie werden durch ihre begleitenden Metaphern zusätzlich amplifiziert. Beherrscht wird die Szene von dem sich auflösenden Kontrast von Licht und Dunkelheit. Der Träumer versucht, in die Undurchsichtigkeit zu sehen; ein Verb, das häufig im Traumtext verkommt. Der schwarze

Hintergrund des Waldes, in dem die dunkelhäutigen „Jäger" ihr Opfer jagen, ist schweigender Zeuge der sich vor ihm eskalierenden Gefahr, die vom Kampf zwischen den beiden Tieren kontrapunktiert wird. Indem der große Hund vom Reh überwältigt zu werden scheint, erglimmt die Hoffnung, daß das Schwache triumphiert. Mit diesem Paradox wird eine sonst nicht faßbare Wahrheit im Widerspruch ausgedrückt. Ein dunkles ängstliches Reh, das passive Spiegelbild seines aktiven Kämpfers, verharrt vor den streitenden Bewegungen in Bewegungslosigkeit. Aber Ruhe und Bewegung sind keine Gegensätze, sondern gehören zusammen und bestimmen die Atmosphäre des Traumes. Am Ende wird dafür gesorgt, daß der Träumer die Stange (oder Stab), ein Emblem für eine höhere Führung, nicht übersieht und die Pistole als reaktionärer Schutzmechanismus nutzlos ist.

Das Schwache triumphiert.

Die Stimmung wechselt von Angst in Hoffnung, als der Träumer durch das Erscheinen einer weiteren Person mit einem Rätsel überrascht wird. In der Lösung ist, so wie bei den Delphischen Orakeln, die Erlösung des Gejagten verborgen. „Alle Mädchen sind Buben", faßt die Kontraste in einem einzigen kurzen Satz zusammen, den wir zum Schluß noch einmal aufgreifen.

Es gibt zwei Autos, ein kleines und ein großes, das eine ist offen, das andere geschlossen, und zwei Straßenseiten. Ein Fahrer parkt rechts, der andere links. GB, das Autokennzeichen, könnte abgekürzt für großer Bruder stehen. Der Verstorbene ist tatsächlich der ältere Bruder des Träumers. Mit dem gelben Licht auf dem Nummernschild, für jeden erkenntlich, möchte er wohl eine wichtige Nachricht hinterlassen. Außerdem verbindet man GB mit Großbritannien und seinem Linksverkehr. Das Seitenverkehrte, das Paradoxe, ist das Hauptthema des Traumes. Aus Detlaf wird „dea(d)"(l und f bleiben übrig), was tot heißt. Auch er stirbt ein paar Monate später.

Die Gefühle des Traumes kann Dietrich entweder direkt im Traum spüren oder in seinen Symbolen erkennen. Die Kunst der Traumdeutung liegt nun darin, emotionsgeladene Sym-

Sprechen Sie mit Ihren Traumfiguren.

bole authentisch nachzuleben, besonders, wenn man sie im Traum nicht „gefühlt" hat. Das geht am besten, wenn man den Traum laut erzählt, was Dietrich gemacht hat. Wenn Sie „mitfühlende" Zuhörer im Familien- oder Bekanntenkreis oder in einer Traumgruppe haben, dann werden Sie die heilende Funktion der Traumdeutung „am eigenen Leib" erfahren. Im gemeinsamen Hören und Erleben der Symbole wird die innere Zerrissenheit überwunden und Gegensätze als zugehörig erfahren. Die Jäger und der Gejagte könnten in einem Dialog ihre inneren Absichten zur Sprache bringen oder im Rollentausch den anderen verstehen lernen. Dabei würden sie erkennen, daß Opfer und Täter die beiden Seiten eines Bildes sind und zu einem Einzigen gehören.
Auch Sie können jetzt so tun, als ob Dietrichs Traum Ihr Traum wäre. Spüren Sie nach, welche Assoziationen bei Ihnen dazu auftauchen. Welche Emotionen empfinden Sie, wenn Sie zum Opfer, und welche, wenn Sie zum Täter werden? Zu welchem Traumbild fühlen Sie sich immer wieder hingezogen oder welches vermeiden Sie?
Man kann davon ausgehen, daß der Gejagte der sterbende Bruder und/oder die Projektion des lebenden Bruders ist. Der Titel, der einem spontanen Einfall entsprang, spricht über den Gejagten im Plural, der aber im letzten Wort des Traumes zu einer einzelnen Gestalt wird. Die beiden Rehe gehören auch zusammen. Es erhebt sich die Frage, wer denn nun die Täter sind. Sind sie die personifizierte Angst des undurchsichtigen dunklen Unbekannten, den wir Tod nennen? Ist sie auch hinter ihren Masken verborgen?
Bedrohung und Angst finden ihren energetischen Ausdruck in der dunklen Farbe der Traumszene, ihrer Kulisse und Gestalten, einschließlich der Tiere. Schwarz, in dem alle Farben enthalten sind, drückt im Märchen und in der Mythologie die Vorstellung des Todes und des Unbewußten aus, aber auch die von Auferstehung und neuem Leben.
Der einzig gesprochene Satz in Dietrichs Traum wird zu einer großen Überraschung: „Alle Mädchen sind Buben." Er fällt total aus dem Rahmen und akzentuiert noch einmal eine

paradoxe Unwahrscheinlichkeit. Das soziale Gefüge, in dem Dietrich aufwuchs, lehrte, daß Mädchen schwächer sind als Buben. Doch in der angeblich schwachen Position des Opfers stecken auch die Potentiale des Täters, die man gewöhnlich als die stärkeren verdächtigt. Aber in der Ewigkeit, die den sterbenden Bruder und Detlaf aufgenommen hat, gibt es diese für unser Bewußtsein quälenden Unterschiede nicht mehr.

In der schwachen Position des Opfers stecken die Potentiale des Täters.

Aktive Traumarbeit

Die Zusammenarbeit von Bewußtheit und Unbewußtsein erbringt neue Erkenntnisse.

Es wäre schön, wenn Sie sich inzwischen an Ihre Träume erinnern, diese aufschreiben, ihre Botschaften umsetzen und die *Patente* für Ihre Traumarbeit einsetzen. Wir wollen nämlich sehen, wie wir uns bewußt an der Gestaltung der Träume beteiligen können. Die Zusammenarbeit von Bewußtheit und Unbewußtsein bringt zusätzliche Erkenntnisse hervor, die neue Realitäten einzuleiten vermögen. Diese Beschäftigung gibt Ihnen zudem die Möglichkeit, sich darin zu üben, Traum- und Lebensszenen neu zu organisieren. Dazu gehören auch Erinnerungen aus der Vergangenheit, die um Ihre Aufmerksamkeit bitten oder die für Sie wieder interessant geworden sind. Es ist zu erwarten, daß Sie dadurch schwierige Situationen meistern lernen und Ihre Traum- und Lebenssituation nicht nur verbessern, sondern auch bereichern.
Beginnen wir mit den Traumsymbolen. Sobald Sie sich auf ein Symbol konzentrieren, aktivieren Sie seine Energie, so daß es sich verändert, vermehrt, verschiebt oder verdichtet. Indem Sie ein Symbol bewußt wahrnehmen, verlagern Sie etwas bislang Eingeschlossenes, z.B. Angst oder Depression, nach außen. Umgekehrt können Sie die Energien, die Sie auf ein Symbol projiziert haben, zurücknehmen und für Ihre Lebensgestaltung nutzen. Außerdem ist es möglich, traumatischen Ereignissen ihr Bewußtsein zurückzugeben, deren bewußtlose Panik den Alpträumen ihre Existenz gibt. Die Veränderungen, die Sie einleiten, sollten allerdings authentische Erfahrungen bleiben, die mit Ihrem Traum und Ihrer akuten Lebenssituation zu tun haben.

Möglichkeiten, Ihre Träume und Ihre Wirklichkeit zu verändern

Es gibt verschiedene Möglichkeiten, die Traumsymbole zu aktivieren. Eine gute Aussicht auf Erfolg besteht dann, wenn Sie sich meditativ oder im entspannten Zustand auf die

Übungen einlassen. Klares Denken, innere Ruhe und eine vertrauensvolle Einstellung lassen Sie schnell zum Ziel kommen. Aber auch wenn Sie sich verwirrt, unruhig und unsicher fühlen, zögern Sie nicht, diese Aktivitäten zu erproben. Versuchen Sie, soweit es geht, ruhig zu werden und in ein leichteres Schwingungsfeld zu gelangen. Fangen Sie einfach da an, wo Sie „stehen". Allein Ihre klare Absicht, die Dinge verändern zu wollen, hat den Stein schon ins Rollen gebracht.

Klares Denken, innere Ruhe und eine vertrauensvolle Einstellung lassen Sie schnell zum Ziel kommen.

Die folgenden Vorschläge für die aktive Traumarbeit gehen über das hinaus, was Ihnen bereits an Übungen angeboten wurde, oder betonen noch einmal ihre Bedeutsamkeit. Die malerische Darstellung eines Traumes oder Symbols, die Sie bestimmt schon ausprobiert haben, ist deshalb so wichtig, weil im Bild Eindrücke festgehalten werden, zu denen der Verstand keinen Zugang hat. Dadurch wird Ihnen eine frische Perspektive angeboten, die das visuelle Bild des Traumes noch nicht vermitteln konnte.

Schriftliche und verbale Interventionen

Hier sind ein paar Vorschläge, wie Sie Ihren Traum schriftlich aktiv halten. Nach dem Erwachen aus einem Traum, der Ihnen besonders gut gefallen hat, können Sie diesen Traum schriftlich ausdehnen, um die positiven Kräfte noch weiter auszubauen. Vielleicht wollen Sie ihm eine Gedichtform geben oder dazu ein Lied komponieren.

Wenn Ihr Traum einen weniger erfreulichen Abschluß hat, so besteht die Möglichkeit sein Ende positiv zu verändern, sogar ein Happy-End zu inszenieren. Achten Sie aber darauf, daß Sie in der Nähe des Traumes bleiben. Eine geglückte Kreation wird sich umgehend auf Ihre äußeren Lebensumstände auswirken. Auch ist es möglich, Ihren Traum in eine mythologische Geschichte oder ein Märchen umzuschreiben, aus dem Sie als Held oder Heldin siegreich hervorgehen.

Alles, was Sie für wahr halten, ist schon eine Realität.

Wählen Sie Träume aus, mit denen Sie Ihre eigene Lebensgeschichte erzählen oder diese, wenn Sie ihnen nicht gefällt, umschreiben. Alles was Sie für wahr halten, ist schon eine Realität. Beobachten Sie dabei, wo und wie sich resignierende Einstellungen einschleichen. Vermeiden Sie allgemein gültige Überzeugungen, deren Wahrheitsgehalt Sie noch nicht hinterfragt haben. Hüten Sie sich vor stereotypen Behauptungen.

Der Wiedereinstieg in den Traum ist auf verschiedene Weise möglich. Beginnen wir auch hier mit der schriftlichen Intervention. Steigen Sie da wieder ein, bevor das Unangenehme und Schreckliche beginnt, und geben Sie Ihrem Traum eine konstruktive Fortsetzung. Bleiben Sie dabei unbedingt im Rahmen dessen, was für Sie stimmig ist und was zu Ihnen paßt. Wenn es unwahrscheinlich ist, Botschafter/in einer Regierung, König oder Königin eines Landes oder ein berühmter Popstar zu werden, dann verlieren Sie sich nicht in solchen Tagträumen. Sobald Sie aber eine realistische Vorstellung Ihrer Ziele haben, sprengen Sie die Grenzen dessen, was für allgemein gültig gehalten wird. Werden Sie zum Star Ihrer Talente, und füllen Sie damit Ihre Träume und Ihr Leben.

Erinnern Sie sich, mit Ihren Traumgestalten auch den verbalen Kontakt zu pflegen und die Requisiten in ein Gespräch hineinziehen. Fragen Sie, warum z.B. ein bestimmtes Möbelstück in Ihrem Traum immer wieder auftaucht und welche Botschaften es vermitteln möchte. Geben Sie den Gefragten genug Zeit zu antworten. Versuchen Sie auch herauszufinden, was „man“ über sie denkt.

Dramaturgische Darstellung

Eine wunderbare Möglichkeit, die Motivation Ihrer Traumfiguren zu verstehen, ist die dramaturgische Darstellung. Aktivieren Sie Ihre schauspielerischen Talente. Spielen Sie alleine oder mit anderen. Vertauschen Sie die Rollen Ihrer Traumgestalten, ändern Sie das Bühnenbild oder vertiefen

Sie den Dialog. Verhelfen Sie Ihrem Originaltraum zu einem erfolgreichen Abschluß. Besonders effektiv ist diese Traumaktion, wenn Sie vor dem Beginn eines unerfreulichen Geschehens in den Traum wieder eintreten, um ihm eine konstruktive Entwicklung geben. Trauerarbeit bei nicht vollzogenen Trennungen ist dafür besonders geeignet. In einer Gruppe entsprechende Rituale gemeinsam zu erleben kann zum unvergeßlichen Erlebnis werden und eine unmittelbare Heilung der Gefühle bewirken.

Musik und Tanz als emotionales Medium für Ihre Symbole

Musik und Tanzen stimulieren Gefühle. Sie entdecken dabei solche, die das Symbol zusammenhalten. Ihr Verstand steht Ihnen dabei nicht im Weg. Beim Tanzen, Singen und Spielen von Instrumenten, auch der Trommel, gelangen Sie in die Mitte Ihrer Gefühle und empfinden dabei die heilende Funktion der Symbole besonders intensiv.

Plastische Traumbilder

Bewußte Veränderung Ihrer Traumgestalten verändert Ihre Realität.

Gestalterisch können Sie Ihren Symbolen auch mit Ton, Erde, Stein und Holz eine plastische Form geben. Mitunter werden Sie erstaunt sein, zu welcher Gestalt sich Ihr Traumbild entwickelt und wie sein neuer Ausdruck Ihnen hilft, Ihre Traumgeschichte zu verstehen. Versuchen Sie auch, mit farbigem Tonpapier Ihren Traumszenen mit topographischen Szenen ihre Dreidimensionalität zurückzugeben. Wie bewegen Sie sich in diesem Raum? Möchten Sie Grenzen überwinden, Wände versetzen oder sich irgendwo verstecken?

Die „aktive Vorstellung" von Traumbildern

Wenden wir uns nun einer mentalen Übung zu, bei der Sie sich entspannt auf ein Traumbild konzentrieren, dessen Inhalt und Form sie gerne verändern möchten. Da Sie dabei

die Entwicklung bewußt kontrollieren und eigene Gedanken hinzufügen, nennen wir diese Übung eine aktive Vorstellung.
Eileen erzählt uns, wie sie mit einem bedrückenden Traumbild umgegangen ist. Nach dem Erwachen aus ihrem Traum ist sie ruhig liegen geblieben und hat ihrem Traum ein anderes Gesicht gegeben. Zuerst der Traum:

1.4.1998

Meine Beine versagen

Im Traum sehe ich eine Frau auf der Erde liegen. Ihre weißen Beine sind unförmig, dick und seltsam abgewinkelt. Unter erheblichen Schwierigkeiten versuche ich, die Beine in die richtige Position zu bringen. Ich bin verzweifelt, daß mir keiner zu Hilfe kommt. Allein werde ich diese Frau nie ins Bett schaffen.

Eileen wacht besorgt auf. Über die mögliche Diagnose dieses Traumbildes ist sie sehr bedrückt und fühlt schon eine leichte Resignation aufsteigen. Total entkräftet sieht sie sich durch ihren Alltag schleichen. Sie entscheidet sich, wach zu werden, und stellt sich vor, wie sie dieser Geschichte zu einer glücklicheren Entwicklung verhilft. Nachdem sie sich entspannt hat, gestaltet sie aktiv folgende Bilder:

Erfolgreich

Eileen stellt sich zuerst vor, wie Ärzte herbeieilen, um die Frau ins Bett zu heben. Bin ich so hilflos? Das gefällt ihr gar nicht. Sie versucht es mit einem anderen Bild. Dieses Mal stellt sie sich vor, wie die Frau aufsteht, herumläuft und ganz normal ihren Geschäften nachgeht. Dabei verstärkt Eileen das Gefühl des Erfolges, das sie in sich aufsteigen läßt.

Sie wiederholt die Übung einige Male am Tag und vor dem Einschlafen. Bald merkt sie, daß sie tagsüber wieder optimistischer und tatkräftiger wird, und der Schleier von Mutlosigkeit verschwindet.

Die „passive Vorstellung" von Traumbildern

Es gibt noch eine weitere Möglichkeit, ein Symbol zu aktivieren; und zwar ohne eine bewußte Anstrengung zu machen, die Entwicklung des Traumbildes zu beeinflussen. Mit entspannter aber hellwacher Aufmerksamkeit wird die Entwicklung des Traumbildes beobachtet. Diese Übung nennen wir passive Vorstellung.

Zwei kleine Särge öffnen sich

In Gabis Traum werden zwei kleine Kisten vom Meer an den Strand gespült. Unwillig schieben ihre Füße sie zurück. Dann aber will Gabi sich näher mit dem Traumbild beschäftigen. Sie schließt ihre Augen und beobachtet, ob sich etwas an den Kisten verändert. Nach einer Weile schaukeln sie auf kleinen Wellen vor ihr hin und her. Leicht stoßen sie sich an, so als ob sie sich im Weg wären oder miteinander spielen wollten. Dabei merkt Gabi, wie sich in ihrem Körper eine warme Energie ausdehnt. Jetzt sieht sie, wie aus den Kisten kleine Särge werden; in ähnlichen wurden vor vielen Jahren ihre beiden kleinen Kinder geborgen. Als sich die Särge zu öffnen beginnen, erschrickt sie sehr und sie zwingt sich, in die „Gegenwart" zurückzukehren.

Gabi ist aber bereit, mit der Unterstützung ihres Freundes weiter an dieser Symbolveränderung zu arbeiten.

Alpträume oder die Angst als Motiv und antreibende Kraft

Die Energie der Angst drängt Sie in die Selbständigkeit.

Die starke Energie der Angst ist in erster Linie die Kraft, die Sie in Ihrer Entwicklung zur Selbständigkeit drängt. Denn in Ihnen sind höchstpersönliche Potentiale verborgen, die in der Auseinandersetzung mit Ihrer Welt nach Ausdruck verlangen. Aber die Aktualisierung Ihrer Persönlichkeit ist eine existentielle Frage, die mit Konflikten und Ängsten besetzt ist, die im Alptraum – und tagsüber in der Panik – am intensivsten erfahren werden können. Er wiederholt sich so lange, bis man den Mut hat, der Angst zu begegnen. Es ist eine der Hauptaufgaben der Träume, Ihnen dabei behilflich zu sein.

Der Alptraum hat sein Bewußtsein verloren.

In diesem Zusammenhang treten Alpträume in Lebenskrisen und als Reaktion auf ein schlimmes Ereignis auf, an das man sich gar nicht oder nur in Bruchstücken erinnern kann. Dabei handelt es sich meistens, wenn auch nicht immer, um ein Trauma, dem das verlorengegangene Bewußtsein zurückgegeben werden muß, das der Träumer seinem Körper bei der Traumaeinwirkung und der damit empfundenen Panik entzogen hat. Die Alpträume unterscheiden sich in Dauer, Dramatik und Intensität. Meistens wacht man in panischer Angst auf, wenn man von Terror, Bedrohung, Abscheu, Ekel usw. träumt.

Ein älterer Herr träumt gelegentlich davon, lebendig begraben zu werden. Das Eingekerkertsein treibt ihn in die Panik. Er versichert glaubhaft, daß er seinem eigenen Tod mit großer Ruhe und Gelassenheit entgegen blickt. Es dauert eine Weile, bis er sich daran erinnert, daß er als Kind in einem eingestürzten Tunnel kurz eingeschlossen gewesen war. Nach dieser bewußt gemachten Erinnerung hört dieser Alptraum auf.

Es gibt eine andere Art von Alpträumen, deren Traumata besonders schwerwiegend sind. Dazu gehören Unfälle, Mißhandlungen, Naturkatastrophen, Kriegserlebnisse, Vergewaltigungen oder Holocaust. Die Dramatik der Ereignisse sind wie in Stein in die Seelen der Betroffenen eingemeißelt, so daß sie nicht selten über Monate, Jahre oder gar Jahrzehnte unter diesen Alpträumen leiden. Aktive Traumarbeit kann zur allmählichen Befreiung solcher Träume einen wichtigen Beitrag leisten. Allerdings muß der Träumer bereit sein, bewußt in die traumatischen Szenen einzusteigen, um die dort sitzende Angst zu befreien. Meistens ist das nur über den Traum selbst möglich.

Als Beispiel darf ich Ihnen meinen Schwiegervater Witold vorstellen, dessen Lebensweg sich von Sibirien durch Revolution und Krieg in den Westen bahnte und ihn in die Sack-

gassen von Konzentrationslagern führte. Erst vor einigen Jahren gelang es ihm, seine Alpträume aufzulösen.
Er kannte sich damit aus – vier Jahrzehnte nächtlicher Kampf gegen erlebte Gewalt. Nachts hallten hohle Angstschreie über den verdrängten Terror durch das Haus. Mitschläfer rüttelten das Unglaubliche wach und zerrten es ans Licht, um seinem Grauen die Macht zu nehmen. Witolds Entschluß, in die Alpträume bewußt einzusteigen, geschah aus einer Mischung von Mut und Verzweiflung.
Er muß sich erinnern, wie er damals mit den Anstrengungen am Leben zu bleiben, umgegangen ist. Indem er Stück für Stück diese Szenen bewußt erlebt, beschreibt er in Einzelheiten das Unfaßbare. Sein Therapeut hilft ihm, nicht wieder im Schock „bewußtlos" zu werden, sondern zu beobachten, wie er sich verhalten und geschützt hat oder sich in seiner Vorstellung hätte helfen können. Dabei steht das Konkrete, die Körpersprache, im Vordergrund. In der totalen Auslieferung Ansätze von Autonomie zu entwickeln und mit der ständigen Bestätigung seines Therapeuten, daß Hilfe und Rettung in Sicht sind, gibt er dem Trauma sein Bewußtsein, seine Erinnerung, zurück. Den Alpträumen wird damit ihre Macht entzogen.
Angst ist äußerst unangenehm. Allein das subtile, vage Gefühl ihrer Existenz ist beklemmend genug. Aber Sie können Ihrer Angst nicht ausweichen oder um sie herumschleichen. Sie müssen direkt durch sie hindurchgehen. Es hilft, wenn Sie ihr real begegnen.
Die folgende Übung wird Ihnen helfen, Ihre Angst in „den Griff zu bekommen".

Sprechen Sie mit Ihrer Angst.

Geben Sie der Angst eine Gestalt, um dem beängstigenden Uferlosen eine Form zu geben. Fragen Sie nach ihrem Geschlecht, ihrem Namen, ihrem Alter und ihren Absichten. Unterhalten Sie sich mit Ihrer Angst. Hören Sie ihr zu. Legen Sie eine Zeit fest, in der sie Ihnen als Gast willkommen ist, so daß sie nicht ungewollt eindringt. Sollte sie das trotzdem tun, so bitten Sie sie höflich, zu einer von Ihnen festgesetzten Zeit wiederzukommen. Aber dann müssen Sie

Entscheiden Sie, was Sie fühlen wollen.

die Verabredung einhalten, auch wenn Sie weder Angst noch Zeit haben. Bald werden Sie merken, daß Sie über Ihre Gefühle entscheiden und nicht von ihnen bestimmt werden.

Zur Not können Sie diese Übung zwei- bis viermal am Tag, fünf bis zehn Minuten lang, wiederholen; z.B. morgens, mittags und abends.

Werden meine Träume wahr?

Die Welt
muß in mir sein,
so wie ich
durch
sie hindurchgehe.

Vorherbestimmung oder freier Wille?

Vor vielen Jahren erzählte uns Don von einem Flugzeugabsturz, von dem er etliche Tage vor dem Ereignis geträumt hatte. Als er aus seinem Traum total verstört und schweißgebadet aufgewacht war, hatte sein Zimmerkollege versucht, die Ursache seiner Agitation herauszufinden. Allein dadurch, daß Don einen sympathischen Zuhörer fand, konnte er sich zum Zeitpunkt der Katastrophe noch daran erinnern. Seinerzeit stürzte eine Boeing 747 in Bombay ab, wo 243 Mensch den Tod fanden. Genau diese Zahl wurde auch im Traum genannt.

Don hatte keine Gelegenheit, seinen Traum an verantwortliche Stellen weiterzuleiten, und leider werden solche Träume nicht immer ernst genommen. Als wir damals in der Nähe vom Mount St. Helens im Bundesstaat Oregon, USA, lebten, kümmerte man sich wenig um sein Qualmen, weder in der Realität, noch in den Träumen. Warnungen stießen auf taube Ohren, bis der Vulkan dann 1980 sein Feuer ausspie.

Viele Menschen erleben Vorahnungen als erschreckend; wahrscheinlich deshalb, weil sie davon überzeugt sind, daß daran nichts zu ändern sei. Im Kapitel „Aktive Traumarbeit" haben Sie gesehen, wie wir unsere eigenen Träume in die gewünschte Richtung lenken und anderen helfen können, ihre Ziele zu verfolgen, ohne ihnen dabei im Wege zu stehen.

In einer Anwort auf die in einem Traum angekündigten Gefahren wäre es möglich, Pläne zu ändern oder Vorsichtsmaßnahmen zu treffen. Wenn Sie z.B. die Absicht haben, eine Flugreise anzutreten, einen Berg zu besteigen, Ski zu fahren oder in die Nähe eines schlafenden Vulkans zu reisen – oder ähnliches über andere träumen –, dann nehmen Sie sich eine im Traum hinweisende Gefahr zu Herzen. Bringen Sie Ihre Träume in Ihr tatsächliches Leben, dahin gehören Sie nämlich. Machen Sie das Unbewußte sichtbar. Setzen

Gestalten Sie mit Ihren Träumen Ihre Wirklichkeit.

Sie Ihren gesunden Menschenverstand ein, und haben Sie Vertrauen, daß die Träume mehr wissen, als Sie ahnen. Fragen Sie sich, wozu gerade Sie von einer Katastrophe geträumt haben. Es könnte Ihr Leben sein oder das eines Mitmenschen, das Sie retten.
Dabei wollen wir nicht die Wünsche eines anderen durchkreuzen. Elfriede, die bereits im Feuerelement geehrt wurde, hat ihren Freunden und ihrer Familie mit ihren persönlichen Erlebnissen gezeigt, daß sie ihre Lebensaufgabe als erfüllt betrachtet. Vier Wochen vor Elfriedes Tod hatte Andrea den folgenden Traum:

4. 9.1997

Wie weit ist es bis Babylon?

Wir befinden uns mit Elfriede, sie sitzt in ihrem Rollstuhl, auf einer Spazierfahrt. Sie ist schön gekleidet, und ihr liebes Lächeln tut mir gut. Die Stimmung ist gelöst, so wie immer in ihrer Nähe. Elfriede und Werner bestreiten die Unterhaltung. An allem hat sie ihre Freude; inmitten eines Satzes bemerkt sie die Färbung der Blätter oder das Zwitschern eines Vogels. Auf einmal rast der Rollstuhl den Berg hinunter. Wir rennen hinterher. Es geht um Kurven und immer steiler hinunter; der Abstand wird immer größer. Zuletzt sehe ich nur noch unsere ausgestreckten Hände. Wir finden Elfriede in ihrem Rollstuhl an einer Mauer.
Beim Aufwachen bin ich ängstlich, traurig und aufgeregt zugleich.

Erkennen Sie in Ihren Träumen, für welche Wege Sie sich entscheiden wollen.

Elfriede hatte sich für diesen Weg entschieden. Waltraud dagegen hat, vor einer schwierigen Operation, einen anderen eingeschlagen.

10.8.1995

Ich will leben

Ich befinde mich – wahrscheinlich mit Gepäck – in einem Hotel. Im oberen Geschoß soll mein Zimmer sein. Ich wälze mich mühsam die Treppen hinauf. Endlich oben angekommen, stelle ich fest, daß mir ein Dachzimmer zugewiesen wurde, das sich beim

näheren Betrachten als ein Friedhof erweist. Angeblich soll ich mir von den Gräbern ein Bett aussuchen. Es sieht so aus, als ob drei von ihnen zur Auswahl stehen, obwohl zwei (die meiner kleinen Schwestern?) schon besetzt sind. Wutentbrannt stürme ich aus dem Friedhofszimmer und beschwere mich lautstark über die Unverschämtheit, mir eine solche Bleibe zuzumuten. Indem ich Türen knalle, meinen Zorn die Treppe hinunterschreie und den angewiesenen Friedhofsplatz entrüstet ablehne, merke ich, wie ich von einer starken Energie durchflutet werde.
Beim Aufwachen stelle ich fest, daß ich mich fürs Leben entschieden habe, obwohl die Ärzte weiterhin ihren düsteren Prognosen nachhängen.

Die Beispiele von Don, Elfriede und Waltraud zeigen uns, wie wir im Traum Kenntnis von Ereignissen erhalten, die nach unserem Zeitverständnis später eintreten oder eintreten könnten. Diese Botschaften betrachtet man als präkognitive Information [prä = voraus; kognitiv = wissen], deren Verlauf, so wird angenommen, nicht mehr aufzuhalten ist.

Die Zukunft ist jetzt

An sich gibt es keine Vorhersehung. Es kann nicht in eine Zukunft hineingeträumt werden, die es gar nicht gibt. Zukunft, Gegenwart und Vergangenheit dienen nur als Orientierung für unser dreidimensionales Raum- und lineares Zeitverständnis. Es gibt kein vorher oder nachher, sondern nur ein Jetzt. Alles findet gleichzeitig, nebeneinander, wenn auch auf verschiedenen Bewußtseinsebenen, statt. Indem Sie Ihre Gegenwart verändern, verändern Sie auch Ihre Vergangenheit. Sobald Sie Ihren Zorn, Ihren Groll und Ihre Ablehnung in der Gegenwart besänftigen, ja, sogar in Liebe verwandeln, werden die in der Vergangenheit von Ihnen infizierten Opfer auch von diesem Fluch befreit. Im Traum begegnet Ihnen Ihr ganzes Leben, dort ist Ihre Vergangenheit so nah wie Ihre Zukunft.

Im Traum begegnet Ihnen Ihr ganzes Leben.

Eine deterministische Weltanschauung würde bedeuten, daß alles in Ihrem Leben bereits vorbestimmt ist. Ein Traum, der sich Tage, Wochen oder Monate später „bewahrheitet“, wäre eine unbeeinflußbare Realität. Schon längst vor seinem Erscheinen würde er sich durch seine abgeschlossene Entwicklung auszeichnen, die wir ergebungsvoll zu akzeptieren hätten; so wie bereits adressierte und frankierte Pakete darauf warten, ihren Empfänger zu erreichen.

Die Traumfiguren müßten sich mit ihrem Verhalten zwingend auf das feststehende Ende des Traumes ausrichten und teilnahmslos, wie Marionetten, einer unbekannten Autorität (wer oder was immer das sein mag) gehorchen. Aber Sie sind die einzige Instanz, die darüber bestimmt, wie Ihre Zukunft aussieht. Oft haben Sie sich schon vor langer Zeit einen bestimmten Lebensplan zurechtgelegt, den Sie entschlossen auszuleben gedenken, dessen Inhalt Ihnen jedoch nicht immer bewußt ist. Oder Sie wissen genau, was Sie wollen. Dazu gehört auch, reich sein zu wollen und mit dem Geld weise umzugehen, bis ins hohe Alter gesund zu bleiben und anderen zu zeigen, wie man das macht. Verbunden damit sind viele Erfahrungen, die Sie in Ihr Leben bringen und die Ihnen helfen, Ihr Ziel zu erreichen. Wenn Ihr Leben schwer und eine Last ist, dann sind Sie auf dem falschen Weg. Vielleicht sind Sie durch die Vorstellungen Ihrer Familie oder Gesellschaft in die verkehrte Richtung gedrängt worden. In mißverstandener Verantwortung quälen Sie sich auf fremden Straßen dahin, anstatt Ihren eigenen Weg zu gehen. Ändern Sie Ihre Gedanken, und „kontrollieren“ Sie Ihre Stimmungen, wenn Ihnen Ihr Leben nicht gefällt. Sie werden erstaunt sein, wie einfach das ist, wenn Sie bewußt damit beginnen. Haben Sie mehr Vertrauen, und strengen Sie sich weniger an. Pflegen Sie die Ruhe, hören Sie auf Ihre innere Stimme, und vor allem – man kann es nicht oft genug betonen – entscheiden Sie, was Sie denken und fühlen wollen.

Bestimmen Sie, was Sie erleben möchten.

Was machen Sie mit den Hiobsbotschaften in Ihren Träumen?

Wie Sie wissen, manifestiert sich die Energie eines gedachten Gedanken, sobald er von der pulsierenden Lebendigkeit der Gefühle animiert wird. Wir wollen sehen, ob ein derart empfundener Gedanke nicht mehr zurückgenommen werden kann. Der Traum, der eine antizipierende Bedeutung hat, also auf etwas hinweist oder in eine bestimmte Richtung lenkt, zeigt in seinen prognostischen Inhalten die Gefühle, die mit dem zukünftigen Ereignis verwoben sind. Sobald man ihm jedoch die Emotionen entzieht, verliert er seine Aktualität.

Sobald man einem möglichen Ereignis die Emotionen entzieht, verliert es an Aktualität.

Der nächste Traumbeispiel möchte demonstrieren, wie der Traum durch den Abzug der Emotionen in seiner Wirkung neutralisiert wird. Während der Proben für eine Premiere beschäftigte Artemis die Sorge, ob sie nach Beendigung ihres Gastspieles ein neues Engagement bekommt.

10.3.1998

Artemis, zügele deine Emotionen

Ich befinde mich auf einer Berghöhe und sause in atemberaubendem Tempo den Berg hinab. Am Fuß der Berges muß ich höllisch aufpassen, nicht von den vorbeirasenden Autos überfahren zu werden. Voller Angst wache ich auf.

Der Traum zeigt eine düstere Prognose. Vom Gipfel des Triumphs droht ein jäher Absturz. Jetzt ist es wichtig, dieser möglichen Realität die emotionalen Energien zu entziehen. Mit Hilfe ihrer Freundin ist Artemis wieder in den Traum eingestiegen. Ihr wird vorgeschlagen, sich noch einmal auf die Berganhöhe zu begeben und dort oben satte grüne Farben, einen strahlenden Himmel und ein begeistertes Publikum zu „sehen“. Artemis wird an die große Freude und tiefe Dankbarkeit erinnert, in denen der Erfolg eine glückliche Bleibe hat. Zuerst droht Artemis wieder nach unten zu rutschen und hat Schwierigkeiten, in die Szenen einzusteigen.

Dann aber verbindet sie ihre Emotionen mit ihrer Kreativität und spürt, wie sie damit ihre Zuschauer bezaubert. Etwas später unterzeichnet Artemis mit einem bekannten Schauspielhaus ein neues Engagement. Es zeigt, daß alles für geistig Wahrgehaltene schon die vollste Wirklichkeit ist.

Ihre Talente sind der persönliche Ausdruck Ihres Seins.

Wenn auch Sie von dem Gefühl des uneingeschränkten Erfolges Besitz ergreifen und sich mit selbstverständlicher Natürlichkeit damit identifizieren, wird das Glück nicht lange auf sich warten lassen. Achten Sie jedoch immer darauf, daß Ihnen kein Kräutlein des Zweifels dazwischen wächst. Es könnte Ihnen Ihre Freude gründlich verderben. Ihre Talente sind der höchstpersönliche Ausdruck ihres Seins und Ihr schöpferisches Geschenk an diese Welt.

Persönliche Affirmation

Ich bin ein Teil des Ganzen, das mehr als das Ganze ist.

Tägliche Erfahrungen

Befreien Sie Ihre Sorgen von Ihren Emotionen.

Sobald Sorgen und Zweifel auftauchen, ersetzen Sie diese umgehend mit einer konkreten Wunschvorstellung, deren Realität Ihrem Wohlergehen am besten dient. Fühlen Sie dabei die Freude Ihres Erfolgs.

Notizen vom Traum und Erwachen

Die Vergangenheit ist nie beendet und die Zukunft nie konkret geformt.

Erinnern Sie sich an ein Erlebnis aus Ihrer Vergangenheit, das Sie zu ändern wünschen. Geben Sie ihm ein nagelneues Gewand. Verstärken Sie die Freude, die Sie dabei empfinden. Schreiben Sie die neue Version nieder.

Der Träumer im Herzen der Gesellschaft

Inzwischen wissen Sie aus eigener Erfahrung, daß Träume sehr persönliche Erlebnisse sind. Paradoxerweise finden sie aber erst in der Mitteilung ihre volle Anerkennung. Jedesmal wenn Sie darüber sprechen, aktivieren Sie wieder Ihre Symbole, die, wie Sie wissen, Lebendigkeit und Aktualität besitzen. Obwohl Inhalt, Inszenierung, Bühnenbild und Akteure gleich bleiben, gewinnt der Traum in der Wiederholung jedesmal an Tiefe. Daraus entstehen neue Ideen und Einsichten, die zu Handlungen einladen, an die man zuvor nicht gedacht hat.

Da der Traum am besten im Zusammenhang mit den Lebensumständen des Träumers, seines kulturellen Erbes und kommunalen Gehäuses sowie seiner persönlichen Reife verstanden werden kann, liegt es nahe, die Träume auch auf ihre soziale Funktion hin zu untersuchen. Nicht nur in der Familie, die wir bereits erwähnten, sondern auch in einer Gruppe – z.B. am Arbeitsplatz – kann man untereinander, voneinander und füreinander träumen. Die angeborenen telepathischen Veranlagungen kommen hier voll zur Wirkung. Mit Inkubationsfragen kann man sogar für gesteckte Ziele gemeinsam träumen.

Welche Beziehungen haben wir zu unseren Mitmenschen?

Unsere Mitmenschen sind der Spiegel, durch den wir erkennen, wer wir sind.

Die Gefühle, besonders die im Traum, sagen uns, mit welcher Sensitivität wir in der Beziehung zu unseren Mitmenschen stehen und welche Interaktion zwischen unserer inneren Welt und der unserer Gesellschaft besteht. Auch wenn wir versuchen, den Einflüssen anderer Menschen zu entgehen, so beeinflussen wir uns doch in unserem Geschick gegenseitig. Das wird in unseren Träumen sichtbar. Unser Gegenüber ist unser Spiegel, durch den wir erkennen, was wir sind. Unter Umständen vermag er den Sinn unseres Lebens in Frage zu stellen. Er fordert uns auf, mit unserer kreativen Imagination der Welt ein freundlicheres Gesicht zu geben.

Die folgenden Träume setzen sich mit diesen Prozessen auseinander. Sie zeigen Kontraste im sozialen Milieu und die Verletzung elementarer Grundbedürfnisse, deren Respekt einer jeden Gesellschaft zur Ehre gereichen würde. Außerdem dringt die überwältigende Aussichtslosigkeit von Kriegs- und Nuklearmacht und AIDS in die Träume derjenigen, die es ihrem Bewußtsein nicht erlaubt haben, sich an die Anomalien unserer Zeit zu gewöhnen. Der Träumende braucht viel Zivilcourage, diese Traumgefühle auszuhalten; wird ihm doch die Not von Menschen gezeigt, vor der sich die meisten aus Mangel an sozialem Interesse unpersönlich abwenden. Er wird sich fragen wollen, wie der Traum für seinen gesellschaftlichen Alltag eine Orientierung sein und wie er konstruktive Änderungen einleiten kann.

Der Traum kann im gesellschaftlichen Alltag eine Orientierung sein.

17.1.1994

Ich schreie meinen Protest heraus

Bin unfreiwillig Soldatin und muß Bomben werfen. Ich kann nicht erkennen, wo ich bin, alles ist grau und nebelschwadig. Wir sind viele auf engem Raum. Es ist nur ein kleiner Platz in ödem Gelände. Aber ich weiß, daß Großstädte in der Nähe sind. Alle anderen sind Männer.

Die „Bomben", die wir dauernd werfen müssen, sind zunächst kleine weiße Tabletten (chemische Waffen?). Wir lassen sie einfach zu unseren Füßen fallen. Eine Wirkung ist weder zu spüren noch zu sehen. Unser Vorgesetzter bemängelt, daß wie keine Schutzanzüge zur Verfügung haben. Alle sind in Zivil.

Ich sträube mich zutiefst gegen diese Tätigkeit und versuche, ihm mit meiner ganzen Überzeugungskraft klarzumachen, daß es doch gar nicht auffiele, wenn wir uns aus dem Kriegsgeschehen heraushielten. Aber es kommt noch schlimmer. Als nächstes verteilt er Atomwaffen. Sie haben die Form von kleinen Raketen und sind per Hand wegzuschleudern.

Jetzt raste ich aus. Ich schreie meinen Protest heraus und sage, daß ich nicht mitmache. Aber der Vorgesetzte droht mir mit Erschießen. Das ist mir jetzt egal. Alles ist besser als Atomraketen zu werfen. Ich gehorche seinen Befehlen nicht. Er hebt seinen Revolver und zielt auf mich. Ich wache auf. Ich bin erregt und fühle mich nicht gut.

Träume sind oft Warnsignale.

Der nächste Traum zeigt, daß schlechte soziale Bedingungen die Schwachen in die Krankheit treiben. Sie werden in Randgruppen gedrängt, weil sie in einer konkurrierenden Gesellschaft, deren dominanter Lebensstil sich an einer falschen Überlegenheit orientiert, keinen Platz haben.

Mani und Ali, ihr Ehemann, sind nicht imstande sich gegen die neuen Bestimmungen für Ausländer zu wehren. Der Mangel an Abwehrkräften gegen das Unerwünschtsein wird ihnen zum Verhängnis. Die Abschiebung, die Ali droht, ist der auslösende Faktor für den Ausbruch seiner latenten Psychose. Das zerrüttete Nervenkostüm des Ehepaares zeigt sich im Traum als Würmerplage. An sich hat Mani diesen Traum gehabt, aber ich glaube, sie hat ihn anstelle ihres Mannes, oder für sie beide, geträumt.

7.8.1997

Nichterwünschtsein verrückt ins Abgleis

Ali und ich besichtigen eine leere Wohnung, die wir beziehen wollen. In den Tapeten entdecke ich Beulen, aus denen, als ich näher hinblicke, eine Unzahl von kleinen Würmern auf mich herunterfällt. Ich beeile mich, sie loszuwerden, aber je mehr Würmer ich abstreife, um so mehr kommen nach.

Ein paar Tage später wird Ali wegen „Verfolgungswahn“ in der Psychiatrie aufgenommen, wo er eine schwere Glastür einrennt. Er muß operiert werden. Das Geschick des Gatten hätte vielleicht eine andere Wendung genommen, wie phantastisch das auch immer klingen mag, wenn die Träumerin aggressiv genug gewesen wäre, die Würmer zu zertreten, zu verbrennen oder sie sonstwie zu vernichten. Im Alltag neigt sie dazu, sich von Güte und Milde bestimmen zu lassen und versäumt es, für ihre eigenen Bedürfnisse zu kämpfen. Das scheinbar bloße Abstreifen genügt nicht. Sie hätte sich gegen die Würmer entschlossen zur Wehr setzen müssen.

11.3.1998

Im Schatten von AIDS – fehlende Hingabe oder freiwilliger Lustverzicht?

Ich bin mit einem attraktiven Mann zusammen. Er hat schulterlange, glatte schwarze Haare und ist schwarz gekleidet. Wir sind in einem etwas düsteren kirchenartigen Gebäude, das mich an eine keltische Kirche erinnert. Vertraut gehen wir miteinander um, obwohl wir uns noch nicht kennen. Wir sind unheilbar krank und haben nur noch kurze Zeit zu leben, was mir keine Probleme bereitet. Der Mann ist außerdem HIV positiv. Wir wollen zusammen schlafen, aber dann bekomme ich Gewissensbisse ... Ich ärgere ich mich, daß ich mich selbst in meinen letzten Lebenstagen nicht einfach hingeben, ohne Vorbehalte genießen und genußvoll etwas geschehen lassen kann.

Nach einer Bauchoperation träumt eine ältere Dame:

13.3.1998

Zwei Päpste liegen im Bett

Zwei Päpste liegen zusammen im Bett und unterhalten sich über den § 218. Sie können sich nicht einigen.

Höhere Erkenntnisse sind für alle da

Die Träume und das Leben arrangieren Umstände, Situationen und Ereignisse, die Ihre unsichtbaren Meinungen ausdrücken. Alles was sich um Sie herum abspielt, ist der Spiegel Ihres Bewußtseins, also Ihres Denkens und Ihres Fühlens. Im folgenden Traum entwickelt die veränderte Einstellung eine innere und äußere Transformation.

Traum und Wirklichkeit drücken Ihre unsichtbaren Meinungen aus.

1.6.1997

Yang und Yin – mehr als ein „Traum“

Eine ältere grauhaarige Frau wird von einem älteren Mann, einem Ausländer, angegriffen. Wir – es gibt noch jemanden außer mir als Zeugen – befinden uns in einem kleinen fensterlosen Raum. Die Szene ist sehr emotionsgeladen. Die Frau reagiert auf den Angriff mit voller Kraft. Mit entblößtem Oberkörper – sie ist sehr schlank – und mit einer gefüllten Rotweinflasche in der hoch erhobenen Hand stürmt sie auf den Mann zu. Sie zerschmettert die Flasche mit einem Riesenknall an der Wand. (Ich frage mich, warum nicht auf seinem Kopf.) Sie dreht sich um, so daß sie ihm den Rücken zukehrt. (Ich verstehe nicht, warum sie das tut.) Der Mann packt sie von hinten und umfaßt ihre Taille.

In diesem Moment geschieht eine große Umwandlung. Die Stimmung der beiden verändert sich. Der Mann, eben noch aggressiv und zum Gegenschlag bereit, scheint jetzt voller Mitgefühl und Zuneigung. Die Frau, eben noch voller Haß und Aggression, scheint plötzlich bereit, Trost in seinen Armen zu empfangen. Diese emphatische Verwandlung spielt sich in den Gesichtern der beiden ab.

Frau und Mann entdecken ihr natürliches Sein durch das Wesen des anderen.

Es liegt in der Absicht eines jeden Traumes, Gegensätze, die als Yin und Yang Energien in uns leben, miteinander zu versöhnen. Jedes Gegensatzpaar gehört zusammen. Das eine kann ohne das andere nicht sein. Sie sind untrennbar miteinander verbunden; ohne Tag gäbe es keine Nacht, ohne Erwachen keinen Traum. Frau und Mann würden sich nicht in ihrem natürlichen Sein verstehen, wenn sie sich nicht durch das Wesen des anderen entdecken und unterscheiden lernen.

Das Bühnenbild, die Enge des fensterlosen Raumes, betont die dramatische Ausweglosigkeit explosiver Emotionen. Wir erleben, wie das männliche Element in der Negation seiner schöpferischen Elemente in Härte, Brutalität und Aggression ausartet. Yin und Yang, die weder zu stark noch zu schwach sein sollten, kommen im gegenseitigen Austausch ergänzend zur Wirkung.

Der nächste Traum möchte zur Versöhnung aufrufen und raten, hinter den Ereignissen nach der Wahrheit zu suchen.

10.7.1998

Opfer und Täter

Ich bin auf einem Weg zu einem Haus, zu meinem Ziel. Es sind außer mir viele andere Menschen unterwegs, die offensichtlich alle das gleiche Ziel haben. Auf dem Weg gibt es viele Hindernisse, die überwunden, und Aufgaben, die gelöst werden müssen. Manchmal muß man in einer Schlange warten, bis man dran ist. Eine der Aufgaben besteht darin, einen anderen Menschen mit Pfeil und Bogen zu erschießen. Ich will es nicht tun, aber man versichert mir, daß es nur ein Spiel sei und der andere nicht verletzt würde. Ich schieße, obwohl ich an den Aufgaben zweifle, und sehe, wie die Opfer blutend zusammenbrechen.
Manchmal weiß man nicht, wie es weitergeht oder woraus die Aufgabe, die gelöst werden muß, besteht. Hin und wieder wird man von anderen Menschen am Weiterkommen gehindert oder bewußt in eine andere Richtung geschickt. Doch ich erkenne, daß alle Menschen gleichzeitig Opfer und Täter sind.

Wir sind alle Opfer und Täter.

Mit einem Traum von Karen auf der folgenden Seite, aus dem in der natürlichen Anordnung seiner Wortketten ein Gedicht entstand, können wir neben der Wahrheit auch Stille und Frieden finden.

Frieden

Eine majestätisch weiße Bergkette
ragt empor
glitzerndes Schneeweiß
unberührt
sehr hell durchdringend und klar
ohne daß es den Augen weh tut.

In der blauen, strahlenden Weite
des unendlichen Himmels
scheine ich mich
aufzulösen.

Ein großes Gefühl des Glücks,
der Freude und des Friedens
durchfluten mich.

Links von mir sehe ich die aufgehende Sonne
versteckt
hinter einem Gewirr von Ästen
leuchtet sie
wie ein riesiger orangefarbener Feuerball
hervor.

Ich müßte mich von der Gruppe entfernen
aus einem anderen Blickwinkel
ohne die störenden Zweige
sie anschauen.

Persönliche Affirmation

Hinter jeder heilenden Kraft steht ein entsprechender Gedanke.

Tägliche Erfahrungen

Ich fühle eine große Kraft und tiefen, inneren Frieden.

Notizen vom Traum und Erwachen

Ich danke meiner Traumkraft für ihre kostbaren Geschenke, die ich hier festhalten möchte.

Eine siebenjährige Traumreise

Die Suche nach einer neuen Identität

Sieben Jahre muß ich
in die Welt fortfliegen,
alle sieben Schritte will ich
einen Blutstropfen
und eine weiße Feder
fallen lassen,
die sollen dir den Weg zeigen,
und wenn du der Spur folgst,
kannst du mich erlösen.

Szenen einer Trennung

Diese Traumserie, die sich über sieben Jahre erstreckt, zeigt die konstruktive Verarbeitung einer Trennung, die es ermöglichte, die eigene Identität wiederzufinden. Die Suche danach wurde durch den Verlust des Partners, der sich nach zweijährigem Kennenlernen und vierzehnjähriger Ehe einer anderen Partnerin zuwandte, eingeleitet. Mit Hilfe ihrer Träume erlebte die Träumerin eine Transformation ihrer Persönlichkeit. Zu Beginn der Trennung beteiligte sie sich an einer Gruppe, die sich mit den Prozessen von Abschied, Trennung und Tod auseinandersetzte. Hier mußten die Betroffenen immer neu der Erkenntnis standhalten, daß alles dem Wandel unterworfen ist.

Erleben Sie mit Ihren Träumen eine Transformation Ihrer Persönlichkeit.

Solche Grunderfahrungen werden in der „Trauerarbeit" erlebt und sind mit Schmerzen verbunden. Es ist natürlich, unangenehmen Gefühlen aus dem Weg zu gehen. Doch die „Unfähigkeit zu trauern", auch um Verluste aus der Kindheit, gefährden die Ablösungen vom Elternhaus und komplizieren die Verarbeitung späterer Verluste, wie wir in dieser Traumerzählung sehen werden.

In den „Szenen einer Trennung" wollen wir herausfinden, welches Thema im Mittelpunkt steht und wie die verschiedenen Motive die Entstehung neuer Träume stimulieren, die das Thema spiralförmig umkreisen. Wenn Sie möchten, können Sie diese Träume oder einige der Symbole zu Ihren eigenen machen und nachspüren, was Sie an Katharinas Stelle gefühlt hätten. Darüber hinaus möchten die Episoden aus diesem Leben an Ihre Erfahrungen anknüpfen und eine Verbindung zu den Erkenntnissen herstellen, die Sie aus Ihrer eigenen Traum- und möglichen Trauerarbeit gewonnen haben. Die Symbole dürften Ihnen nicht fremd sein, da viele von ihnen bereits erwähnt wurden. Natürlich tragen Katharinas Symbole den persönlichen Charakter ihrer eigenen psychischen Prozesse, von denen manche den Märchen und Mythen ähneln. Die Wahl ihrer Symbole und deren Gestaltung und Reformierung wird uns zeigen, in welcher Beziehung die Träumerin zu sich selbst, ihren Angehörigen und ihren übernatürlichen Kräften steht und wie sie ihre Bedürfnisse, Erwartungen und Ziele ausdrückt. Auf Grund welcher Kriterien fällt sie ihre Entscheidungen, und welche Konflikte und Symptome erlebt sie dabei?

Am Anfang einer Traumserie tauchen Symbole auf, die erst später „gefühlt" werden.

Oft erscheinen am Anfang einer Traumserie Symbole, die zuerst noch fremd sind, weil sie erst später erlebt, d.h. „gefühlt" werden. Sie kündigen aber schon das Thema der Traumserie an, das auf ein bereits beabsichtigtes Ziel lossteuert. Die Handlungen werden von einer inneren Absicht bestimmt, dessen sich die Träumerin selbst nicht bewußt ist und von der auch sonst keiner eine Ahnung haben kann. Wahrscheinlich wird es Ihnen ähnlich gehen. Mehr oder weniger bewußt schreiten Sie auf ein bestimmtes Ziel zu, mit dem Sie sich vielleicht innig verbunden fühlen, das Sie aber erst im Laufe des Lebens als Ihren persönlichen Lebensplan erkennen. In Katharinas Träumen können wir im Rückblick diesen Plan schon gleich zu Anfang aufgreifen und sehen, wie die Träume sich immer wieder neu, aus verschiedenen Perspektiven, damit befassen.

Die Traumserie umfaßt 106 Träume, von denen 82 ausgesucht wurden, um die Entwicklung von Trennung, Schmerz und Heilung darzustellen. Nicht selten werden mehrere Träume in einer Nacht geträumt, wobei einer zu neuen Taten drängt und ein anderer der Träumerin das Rückgrad stärkt. Traumtexte werden kursiv wiedergegeben und von erklärenden Kommentaren in Normalschrift begleitet. Zum Schutz der Träumerin und ihrer Angehörigen wurden Eigennamen geändert.

Noch ist es schwer, die Wahrheit zu akzeptieren

Bevor diese Szene beginnt, hat sich der Ehemann bereits von seiner Frau getrennt. Obwohl die Träumerin eine Wiedervereinigung wünscht, zeigt ihr der Traum ein anderes Bild.

11.5.1992

Peter, mein Ehemann, und ich fahren gemeinsam in unserem Auto. Wir landen in der Savanne.

Das Paar sitzt noch zusammen im Auto; die Autonomie wird noch geteilt. Aber der gemeinsame Weg endet in unwegsamen Gelände. Das Wasser wird knapp, d.h. die Gefühle versiegen, und eine Woche später liegt eine Person im Sterben.

20.5.1992

Wir sitzen in der Wüste. Das Wasser ist knapp. Die nächste Wasserquelle ist unerreichbar.

28.5.1992

Eine Person liegt im Bett und stirbt. Ich sehe eine alte, adrige Hand. Es ist die rechte, und ich fürchte mich, sie festzuhalten. Ich weigere mich zu akzeptieren, daß die Hand schon erkaltet ist. Aber die Person atmet weiter, und die Hand bewegt sich etwas.

Jeder Traum beginnt mit einer Aussage.

Wie alle Träume beginnt auch dieser mit einer Feststellung: Eine Person liegt im Bett und stirbt. In diesem einen Satz liegt das ganze Thema der Traumserie begraben.
Katharina will die Person (noch) nicht erkennen. Es ist anzunehmen, daß es der Ehemann ist oder sie selbst. Es ist nicht verwunderlich, wenn ihr diese Vermutung Angst bereitet. Obwohl sie sich fürchtet, an veralteten Handlungen (Hand steht für Handlungsfähigkeit) festzuhalten, gelingt es noch nicht, deren Beendigung zu akzeptieren. Damit entscheidet sie sich, die Person oder für was sie steht, weiterleben zu lassen. Es dauert noch eine beachtliche Weile, bis sie endgültig stirbt.

30.5.1992

1. Ich schreibe auf einer geliehenen Schreibmaschine. Ich bin im Theater und schaue über eine Balustrade nach unten.

Katharina beginnt, ihre Lebensgeschichte zu schreiben. Da sie es auf einer geliehenen Schreibmaschine tut, wird sie sich nur vorübergehend damit befassen. Von der Balustrade verschafft sie sich einen Überblick über ihre Lebenssituation. Das Theater steht für die innere Welt, in der wir uns befinden.

2. Ich stehe mit jemandem in einem Raum, und diese Person wird mit einem Schal hochgezogen und erdrosselt. Der Täter ist seltsam angezogen.

Die im Sterben liegende und die erdrosselte Person werfen symbolisch ihre Schatten voraus. Die kommenden Jahre sind gekennzeichnet vom Sterben der Beziehung und alten Gedankenmustern. Wer oder was wird hier erdrosselt? Darf ich diese Frage an Sie weitergeben?

Welche Requisiten erscheinen in Ihren Träumen?

Katharina hat keine Ahnung, wer der Sterbende, der Erdrosselte und der Täter sind, da diese Symbole noch nicht „gefühlt" werden. Sie schicken etwas voraus, was sie erst später erlebt. Vielleicht ist sie selbst die Täterin oder die antreibende Kraft, die hinter diesen Prozessen steht. Der Schal gehört zu den Eröffnungsrequisiten. Ein Jahr später schlingt sie ihn erneut um sich. In Begleitung ihres noch „lebenden" Mannes fliegt sie damit über die Dächer ihrer Kindheit. Am Ende der Traumserie befreit sie sich von dem Schal. Er verrät aber zuvor, daß der Abschied von ihrem Mann nur über die Trennung von ihrem Elternhaus möglich ist. Aber noch ist sie nicht so weit.

Versöhnungsversuche mit Enttäuschungen

8.6.1992

Ich bin mit Peter auf einem Schiff. Wir gehen gemeinsam eine Wendeltreppe hoch. Dann befinden wir uns auf einem Boot und fallen ins Wasser.

Die Wendetreppe, die sich um einen zentralen Punkt dreht (den der Trennung), betont Katharinas beharrlichen Standpunkt. Der Traum läßt das Paar ins Wasser fallen, um die Schiffsreise zu vereiteln. Doch ihre romantischen Vorstellungen läßt sie sich nicht nehmen. An den Blumen, die daraus erwachsen sind, hält sie sich krampfhaft fest.

16.6.1992

1. Meine Freundin und ich gehen spazieren und pflücken Blumen. Wir kommen an einen Strand und gehen mit vielen Leuten ins Wasser. Der Strand ist berühmt für seine Wellen, so wie in Hawaii. Ich gehe ins Wasser, werde aber an den Strand zurückgespült. Ich halte mich krampfhaft an den Blumen fest, dabei falle ich auf den Rücken. Ich halte die Luft an und habe Angst, überspült zu werden.

Der Rücken steht für Vergangenheit und Verletzlichkeit.

Der Strand ist eine Grenze und zeigt an, wie weit es sich Katharina erlauben kann, in ihre Gefühle einzusteigen, ohne darin zu ertrinken. Im Rücken, der für Vergangenheit steht, fühlt sie sich angegriffen. Ein ähnliches Motiv, das die Hilflosigkeit betont, wird später noch einmal von den auf dem Rücken liegenden Insekten aufgegriffen. In der gleichen Position findet sie später ihren „toten" Mann.
Der Wassertraum erlaubt ihr, sich mit ihrer Angst auseinanderzusetzen, damit sie für das nächste Drama gewappnet ist. Allerdings ist schon ein „überirdischer" Helfer zur Stelle.

2. (...) Viele Leute befinden sich in einem Raum. Mein Ehemann und ich gehen einen Weg entlang. Wir kommen in einen großen Saal mit Stühlen, wo eine Musikkapelle spielt. Plötzlich tauchen verschmutzte Kinder, eine Frau und eine russische Delegation auf. Ich habe geweint und versuche, die Frau zu identifizieren. Jemand rät mir, nicht alles so zu Herzen zu nehmen, sondern fröhlicher zu sein.

Später stellt sich heraus, daß die Freundin des Ehemannes tatsächlich aus Rußland ist. Die Delegation scheint den offiziellen Charakter der neuen Beziehung zu unterstreichen. (Das Paar hat ein Jahr später geheiratet.) Die verschmutzten Kinder spiegeln Katharinas mißliche Einstellung wider. Die Musikkapelle schlägt einen fröhlichen Ton an, und auch die Traumkraft sagt der Träumerin, sich nicht alles so zu Herzen zu nehmen.

Der Verlust eines Partners kann als Bedrohung des eigenen Seins erlebt werden.

Illusionen sind hartnäckige Gesellen. Der Verlust eines Partners wird als Verlust der eigenen Existenz, des eigenen Seins, erlebt; deshalb sind die Prozesse so qualvoll. In der Verzweiflung klammert man sich oft an das, was einmal war, auch wenn die Vergangenheit nicht so rosig gewesen ist.
Drei Wochen später finden sich Träumerin und Ehemann noch einmal in einem Schlafgemach. Aber die Eröffnungsszene läßt keine Zweifel darüber, daß der Vereinigungsversuch eine leere Hoffnung ist. Die Energie der Enttäuschung ist so stark, daß Katharina endgültig aus diesen Illusionen hinauskatapultiert wird. Sie läßt sie innerhalb weniger Sekunden eine große Distanz zu ihrer inneren Wahrheit überwinden.

28.6.1992

Ich liege mit meinem Mann in einem Krankenbett in einem Krankenzimmer. Wir reden über unsere Trennung und schlafen abschließend zusammen. Dann aber rase ich mit meinen Kleidern aus dem Raum und renne einen Gang entlang. Ich suche nach meinem eigenen Zimmer. Verschiedene Leute schauen mir nach. Aber auch mein Zimmer ist mit Leuten überfüllt. Ich muß sie erst alle hinauswerfen.

Wir sehen, daß die Beziehung mehr als krank ist. Die Doppelbetonung von Krankenzimmer und Krankenbett läßt darüber keine Zweifel. Die schmerzliche Trennung kann auch nicht durch eine sexuelle Vereinigung verhindert oder besänftigt werden, so daß Katharina das gemeinsame Krankenlager fluchtartig verläßt. Sie rast in ihr eigenes Zimmer und wirft die Leute (Symbol für fremde Meinungen) hinaus. Sie ist dabei energisch und bestimmt. In „meinem Zimmer“

werden die ersten Ansätze autonomer Anfänge sichtbar. (Sie erinnern sich, daß Haus, Wohnung und Zimmer wichtige Symbole für die Räume der Persönlichkeit sind. Ins Auge fällt das Adverb „erst", was andeutet, daß danach mehr folgt.)

Erste Schritte zur Autonomie lösen Schuldgefühle aus...

Die ersten Schritte der Autonomie werden, wie so häufig, von Schuldgefühlen begleitet. (Stellen Sie sich ein dreijähriges Kind vor, das dauernd bei seinen Entdeckungsversuchen unterbrochen oder gar bestraft wird.) Katharina sorgt sich um ihren Mann. Außerdem braucht es eine gewisse Reife, darauf zu vertrauen, daß ein Mensch, mit dem man lange zusammen war, auch ohne die Fürsorge, die man ihm einmal geschenkt hat, auskommt.

7.7.1992

Peter sitzt vor seinem Schreibtisch und fragt mich, warum ich die Post (seine Bedürfnisse) *nicht annehme. Ich erkläre es, und er bricht in Tränen aus. Panik steigt in mir hoch, und ich zwinge mich, wach zu werden.*

...die in die Abhängigkeit führen...

9.7.1992

1. Peter will es noch einmal versuchen.
2. Ein Film über die ehemalige DDR wird gezeigt, wo sich die Leute angeblich frei äußern dürfen.

Katharina versucht, sich aus der Panik zu befreien, indem sie den für sich rettenden Gedanken der Versöhnung aufgreift. Aber der nächste Traum bereitet sie schon darauf vor, daß diese Äußerung doch nicht so verstanden werden darf. Sie muß lernen, daß man sich nur nach vorn und nicht zurück entwickeln kann.

Man kann sich nur nach vorn und nicht zurück entwickeln.

...und Angst auslösen

3.8.1992

Ich bin zwischen die Beine eines Pferdes geraten und versuche, ohne gequetscht zu werden, herauszukriechen.

Der Traum erinnert an einen Geburtsvorgang. Das Pferd ist Ausdruck einer klaren Lebensenergie. „Zu überleben nimmt mich total in Anspruch", sagt Katharina.

8.8.1992

1. Mit anderen Leuten stehe ich auf einem Gang vor Aufzügen und Türen. Plötzlich kommen etliche unserer Ehemänner mit ihren Freundinnen dazu. Ich mache eine spöttische Bemerkung, über die alle lachen.

Daß manche Ehemänner Freundinnen haben, hat sie schmerzlich erlebt. Mit ihrem Kommentar beginnt sie, sich eine Meinung zu bilden, von der sie hofft, Distanz zu ihrem Schmerz zu finden. Der Aufzug, der in eine andere Etage führt, stellt in Aussicht, daß sie in ihrer Entwicklung wieder ein Stück weiterkommt. Allerdings muß sie sich noch mit dem nächsten Problem auseinandersetzen.

2. Ich schneide eine Paprika auf. Sie ist voller schwarzer Käfer. Ich bin entsetzt. Anstatt sie in einen Mülleimer zu werfen, renne ich damit ins Freie und schütte sie aus. Ich habe Angst, daß alles in der Umgebung befallen wird.

In der Paprika, ein Lebens- und Liebessymbol, sieht es noch böse aus. Ob sich die Untreue auf ihre ganze Umgebung ausbreiten und immer wieder in ihr Leben kommen wird? Aber die Käfer symbolisieren vor allem ihre Angst, ob sie der auf sie zukommenden Entwicklung gewachsen ist oder einen „Nervenzusammenbruch" erleidet und „alles befallen wird". Angst ist eine starke Energie, die darauf drängt, die Entwicklung in die Selbständigkeit zu wagen. In allen Menschen sind unendlich viele Potentiale verborgen, die in der Auseinandersetzung mit der Welt nach Ausdruck verlangen. In diesem schöpferischen Prozeß geschieht Selbsterfahrung. Meistens, wenn innere oder äußere Veränderungen anstehen, in denen Bedürfnisse und Eigenständigkeit ihr Recht fordern, wird man mit dieser Angst konfrontiert.

Veränderungen sind oft mit ängstlichen Gefühlen verbunden.

Trennung von Partnerschaft und Elternhaus

3.10.1992

Ich klammere mich weinend an meinen Ehemann. Seine Familie sitzt um den Tisch. Die Frau schaut weg und böse drein. Ich habe die Zusammenhänge vergessen, aber es ist so etwas wie ein Abschied.

21.11.1992

Mein Mann und ich sitzen im Wohnzimmer meines Elternhauses, und wir debattieren über die Scheidung. Wir kommen aber zu keiner Einigung. Als er den Raum verlassen will, sehe ich zwei Paar rote Damenstiefel. Ich frage ihn, ob sie „der Neuen" gehören. „Ja", sagt er, er habe sie von einem Schuster besohlen lassen. Ich bin sehr empört. In der Diele stehen plötzlich eine andere Frau und ein Kind. Wir reden über Süßigkeiten.

Jetzt kommt zum ersten Mal das Elternhaus zur Sprache. Anscheinend hat sich Katharina nicht nur von ihrem Mann, sondern auch von ihrem Elternhaus zu trennen. Diese doppelte Aufgabe macht die Trennung besonders schwer, weil Bedürfnisse und Beziehungen miteinander verwachsen sind. Hätte Katharina vor ihrer Eheschließung die Bande mit ihrem Elternhaus gelöst, hätte sie bestimmte emotionale Bedürfnisse nicht mit in die Ehe geschleppt. So wäre sie frei und unabhängig gewesen und wahrscheinlich auch an einen anderen Mann „geraten".
Zwei Paar rote Damenstiefel, die schon benützt sind und nun besohlt werden müssen, deuten auf die Sexualität hin, mit der sich der ungetreue Ehemann in den Augen der Träumerin ein zweites Mal auf die „Socken macht". Jedenfalls würde

manch einer schicke rote Damenstiefelchen mit erotischen Phantasien verbinden. Hier sind die Gefühle der Träumerin tief getroffen; sie ist erbost.
Süßes, auch etwas Erotisches, ißt Katharina, wenn sie Trost braucht; manchmal ein zu hoher Aufwand (Süßigkeit und Sex), um bestimmte Bedürfnisse, z.B. Einsamkeit, zu stillen. Die fremde Frau und das Kind scheinen sie selbst und ihre Mutter zu sein, die Katharina, als sie noch ein kleines Kind war, mit Süßigkeiten abspeiste. Zwei Monate später erfahren wir mehr darüber.

Vergangenheit wird ausgegraben

6.12.1992

Am nächsten Morgen, es ist noch sehr früh und dunkel, blicke ich aus dem Fenster. Es regnet. „Die Neue" gräbt im Garten alte Pfähle und Pflanzen aus. Ich frage, warum sie das mache, und sie erwidert, daß es so früh am besten sei. Später sitzen wir am Tisch. Mein Ehemann, der jetzt wie mein Bruder aussieht, fragt, wo sie sei. Ich antworte nichts. Ich habe Angst, daß er sie im Garten entdeckt.

Hier wacht Katharina mit gemischten Gefühlen auf. Sie ist ärgerlich und traurig und hat das Gefühl, daß ihr etwas weggenommen wird. Wie Sie wissen, geschieht das Aufwachen, wenn die Angst des Ich zu groß ist und sich vor weiteren Enthüllungen schützen möchte. „Die Neue" gräbt Vergangenes aus, dessen Enthüllungen, wie wir bald erfahren, für Katharina schmerzlich sind. Mit dieser noch nicht bewußt gemachten Erkenntnis verändert sich aber schon die Beziehung zu ihrem Mann, der zum Bruder wird. Es ist besser, wenn es „früh geschieht", läßt die Träumerin ihre Traumgestalt sagen, und damit hat sie wohl recht.

Alle Träume sind miteinander verbunden.

Der Ausblick ist nicht nur durch den Regen, sondern auch durch die morgendliche Dunkelheit behindert. Die Wörter „Erde, graben und schaufeln" lassen an Totengräber denken. Ein paar Wochen später kann man sehen, daß dieser düstere Traum bereits die nächste Szene eingeleitet hat.

Der Tod des Vaters wird als eigener erlebt

6.1.1993

1. Ich weiß, daß ich bald sterben muß, und auch die fünf anderen Frauen, die vor mir auf dem Weg laufen, müssen sterben.

Für Katharina wurde das Grab schon „früh" geschaufelt. Fünfjährig hat sie ihren Vater verloren. „Fünfjährig" erklärt damit die mit dem Todesurteil verhafteten fünf Frauen. Das Erlebnis scheint in der frühen Dunkelheit noch versteckt zu sein. Scheinbar hat sie den Tod des Vaters auf sich übertragen, so daß sie diejenige ist, die zu sterben hat. Jetzt kann sie dieses Trauma in die Gegenwart tragen und bearbeiten.

2. Ich sitze an einer Kasse und tippe Preise von Waren ein. Es geht sehr langsam. Doch niemand beschwert sich. Am Ende ist der Kassenzettel etwas zerrissen. Der Endpreis ist aber noch zu sehen. Es sind DM 106,00. Meine Freundin entscheidet, daß ich nicht alles noch einmal tippe.

Eine Freundin, die sie vor sechzehn Jahren mit ihrem Mann bekannt gemacht hat, sagt ihr, daß sie nicht alles noch einmal tippen, nicht noch einmal alles durchmachen müsse. Das Zusammenzählen der Preise verrät das Aufrechnen seelischer Gewinne. Die Quersumme von 106 ist 7, eine Zahl, die mit Stille und Zurückgezogenheit und der Suche nach Erkenntnis und Wahrheit zu tun hat. Mit der Bedeutung der Sieben begann die Traumreise und mit ihr wird sie auch ihren Abschluß finden.

Das Zusammenzählen von Produkten zeigt seelische Gewinne.

Verknüpfung von Gegenwart und Vergangenheit

3. Ich fliege mit Peter über Land und Wasser. Ein Schal von vier bis fünf Metern hängt wie eine lange Schleppe um meinen Hals. Schließlich fliegen wir über einen Lebensmitteladen aus meiner Kindheit. Ich halte die Schleppe fest, damit sie sich nicht mit dem Dach des Ladens verheddert.

Der Lebensmittelladen macht hellhörig. Katharina erinnert sich daran, wie sie aus dem Zimmer geschickt wurde, als sich Mutter und Tante über den Tod ihres Vaters unterhielten. Zum Trost sollte sie sich in dem besagten Laden ein paar Süßigkeiten kaufen. Jetzt ist sie bedacht, sich nicht mit seinem Dach zu verheddern. Sie möchte sich nicht noch einmal abspeisen lassen.

Realität akzeptieren, aufräumen und loslassen führt zu Erkenntnissen

Befreien Sie sich von der belastenden Vergangenheit.

Mit diesem Entschluß ist Katharina bereit, Ordnung zu schaffen. Als erster tritt ein Schornsteinfeger auf, der an Fegen und Reinigen erinnert. Aber sein schwarzes Outfit weist auch auf Dunkelheit und Angst hin, denen sie lernt, gelassen zu begegnen, um sie mit einer rituellen Reinigung ihres Platzes zu verweisen.
Zuerst erzählen uns die Träume, daß Katharina die erotische Beziehung zu ihrem Mann nicht mehr vermißt, und sie sagt ihm, auch nicht mehr danach zu suchen. Jetzt kann sie nicht nur zusehen, wie eine andere in ihrem Bett liegt, sondern auch, daß ihr Haus besetzt ist und später abbrennt.

4.3.1993

1. Ich sitze mit meinem Ehemann im Bus. An einer Haltestelle steigt ein Schornsteinfeger ein, um aus einer schmalen Tasche meines Mannes Briefe zu entnehmen und durchzusehen. Der Schornsteinfeger hatte mich darauf vorbereitet.

2. Als ich auf einer Bank sitze, vermisse ich etwas. Ich knie vor einem Holzblock und durchwühle Silberschmuck, obwohl ich weiß, daß ich keinen Schmuck vermisse. Später sucht Peter in einem Koffer herum. Ich sage ihm, daß es nicht zu ändern sei, wenn er das, was ich vermißte, nicht finden würde.

Silberschmuck hat mit Liebesglück zu tun. Den Schmuck, der schon im Altertum von Frauen getragen wurde, um ihren Männern zu gefallen, vermißt Katharina nicht mehr.

11.3.1993

1. Ich bin auf einer Familienfeier in meinem Elternhaus. Oben liegt in meinem früheren Bett eine mit einem Schal zugedeckte Gestalt. Ich frage herum und erfahre, daß das die Neue ist. Alle Zimmer sind mit fremden Gästen belegt.
Dann unterhalte ich mich in einem Saal mit einem Kellner. Hinter der Tür sehe ich eine kleine Person, die fast wie ein Kind aussieht und ein Kinderkleidchen trägt. Ich frage fassungslos und erstaunt: „Die Neue?" Der Kellner warnt mich, nicht voreilig Schlüsse zu ziehen.

Welche Eigenschaften verkörpern Ihre Traumfiguren?

Die Traumgestalten wissen bereits, daß die neue Frau in Katharinas früheres Heim eingezogen ist. Auch die Träumerin beginnt nun, diese Tatsache zu akzeptieren und stellt sogar im nächsten Traum fest, daß Vergangenes aus der Kindheit „Flitterkram" geworden, also nicht mehr wichtig ist. Der Kellner gehört zu den Helfern, die immer wieder auftreten, bis sie in der Lage ist, ohne fremde Hilfe auszukommen.

2. Ich laufe durch meinen Heimatort. Wohnhäuser sind zu kleinen Klimbim-Läden geworden, alles Flitterkram. Zu Hause steht ein Teil des Tores auf. Ich gehe nicht hinein.

17.3 1993

Ich sehe eine halbvolle Mülltonne. Ich lerne mit jemandem, am Computer Reihen vertikal und horizontal zu versetzen. Der Bildschirm verändert sich.

Katharina räumt auf. Sie setzt sich nicht nur mit ihrem täglichen Leben, der horizontalen Ebene, sondern auch mit ihren psychischen Prozessen auf der vertikalen Ebene auseinander. Ihr inneres Weltbild verändert sich, wie der nächste Traum dramatisch demonstriert.

18.3.1993

1.Ich sitze auf einer Leiter mit bogenförmigen Spitzengardinen. Andere Leute stehen um mich herum. Wir beobachten, wie ein

Haus auf der gegenüberliegenden Straßenseite abbrennt. Dieses Haus hat verschnörkelten Stuck (falsche Pracht) und runde Bogenfenster. Ich zünde ein Streichholz an, um besser sehen zu können. Dabei brennt ein Stück der Gardine – genau im Bogen. Es fällt kaum auf und verlischt wieder. Die anderen beruhigen mich und sagen, es sei nicht so schlimm.

Symbole, die doppelt erscheinen, werden in ihrer Reflexion erkannt.

Sie besteigt die Leiter, um mehr sehen zu können: Diese vertikale Position bringt sie nach „oben". Zu diesen Prozessen gehört ebenfalls die Spiegelung. Die wesentlichen Symbole sind nämlich doppelt vertreten, die nur in der Reflexion in ihrer Bedeutung erkannt werden können. Die bogenförmigen Gardinen in Katharinas Zimmer gehören zu den runden Bogenfenstern des gegenüberliegenden Hauses. Das brennende Haus und das entzündete Streichholz amplifizieren ebenfalls das Geschehen. Katharina wird von anderen daran erinnert, daß der Verlust „nicht so schlimm" sei. Das Feuer „verlischt wieder" und bleibt nicht in den Kleidern stecken, von denen sie sich auch gerne befreien möchte. Davon ist nicht nur jetzt, sondern auch später noch die Rede.

2. Die gleichen Leute wie oben. Wir liegen in drei Betten verteilt in einem Schlafzimmer. Eine Frau erzählt mir, was wir alle für Augen machen würden, wenn ich mir für die Nacht einen Freund einlade.

3. Unsere eheliche Wohnung ist umgeben von haushohen Blätterbergen. Ich frage ärgerlich: „Was soll denn das?" Ich weiß nicht, ob die abgestorbenen Blätter zusammengekehrt wurden oder ob sie der Wind zusammengetrieben hat.

Die Frage nach Vorherbestimmung und freiem Willen taucht hier auf. Katharina überlegt, ob sie selbst oder ein fremder Geist (Wind als Symbol für Luft und Geist) die Blätter zusammengetrieben hat. In dem ersten Verb liegt eine beabsichtigte Handlung, im zweiten ein willkürlicher Zufall.

Auf jeden Fall muß das Abgestorbene beseitigt werden. Der Ärger ist ein gutes Zeichen, nachdem Katharina im letzten Jahr deprimiert war, jeden Tag geweint und ihren Ärger nach innen gerichtet hatte.

Verwirrung, Ärger und Schmerz verarbeiten und Gesundung einleiten

22.3.1993

1. Ich werde von einem riesigen Gepard verfolgt.

2. In den Räumen meiner Kindheit liegen auf einem Küchentisch riesige Fleischstücke. Ein Gehörn ist dabei, das einem Rhino gehören könnte. Ich denke, man sollte die Knochen entfernen, dann kann man das Fleisch besser einfrieren.

Das wilde Tier zeigt verleugnete Lebensimpulse.

Ein wildes Tier zeigt ihre eingeschlossene Wut und verdrängte Lebensimpulse. Die Fleischstücke weisen auf Sexualität hin, die sie gedenkt erst mal einzufrieren. (Die Steinzeitmenschen brachten ihren Frauen Fleisch, um als Gegengabe ihre Sexualität zu gewinnen.) Das Gehörn des Rhinozerosses steht für ein Aphrodisiakum, das zur Zeit auch nicht gefragt ist.

27.3.1993

1. Ich laufe verwirrt umher. Ich muß mit Hilfe eines zerbrechlichen Baumes über einen Zaun klettern. Ich schaffe es, ohne daß er abbricht. Ich hole dann meinen Stuhl, der wie ein alter Küchenstuhl aussieht, nach.

Der Baum, ein Symbol fürs Leben, ist in Gefahr zu zerbrechen. Sie nimmt alle Kraft zusammen, um damit über den Zaun zu klettern. Zum Glück ist ihr Ehemann auch keine Hilfe, wie der nächste Traum enthüllt. Im Licht betrachtet, wird Katharina rückblickend an Hilflosigkeit und Verletzungen (Blut steht für Wunden) erinnert, die sie zu verarbeiten hat. Da sie nicht nur mit einem Küchenstuhl hantiert, sondern sich einige der Träume auch in der Küche abspielen, steckt sie inmitten einer begrüßenswerten Transformation.

2. Ich fahre in Südengland mit dem Wagen umher. Auf der Rückfahrt sitzt aber mein Mann am Steuer, der plötzlich anhält. Er sucht auf der Karte nach dem Weg, den ich ihm ungeduldig und ärgerlich auf der Autokarte zeige und sage, da lang.

3. Ehe ich die Küche verlassen will, mache ich noch einmal Licht. Beim Umdrehen entdecke ich zwei kleine Kakerlaken auf dem Rücken liegend. Ich will sie mit dem Papier aufheben, was mir kaum gelingt. Ich finde in einer Abfalltüte eine riesige blutige Kakerlake.

18.4.1993

In einer fremden Stadt laufe ich in der Menge auf dem Gehsteig. Beim Überqueren der Straße steht ein Mann neben mir und nimmt meine rechte Hand. Er erinnert mich an einen Indianer, der mir stärkende Kräfte gibt. Beim Aufwachen fühle ich mich gut und getröstet.

5.5.1993

Höhere Kräfte beschützen Sie.

Mit Abstand fahre ich auf einem Schlitten hinter einem Mann her. Es schneit. Ich versuche, Kaninchen und Hasen auszuweichen, die zwischen den Spuren hin- und herrennen. Sie sind von Scheinwerfern geblendet und aufgescheucht. Plötzlich entdecke ich am rechten Handgelenk einen Klumpen. Ich vermute, daß es ein totes Tier ist. Ich halte an. Der Mann kommt zurück, und wir rätseln, was es sein könnte. Es ist ein toter Vogel; einen seiner Flügel erkennt man, wenn man daran zieht. Der Mann sagt, wir wollen ihn saubermachen, dann können wir ihn selbst rupfen.

Einsam und hoffnungslos fährt sie durch ihre Angst, über die eine höhere Kraft ihre schützende Hand hält. „Säubern“ und „rupfen“ kündigen weitere Prozesse an. Zunächst lernt sie, sich zu wehren.

8.5.1993

Ich bin allein auf einem freien Gelände. Das Haus, in dem ich wohne, sieht aus wie eine Ruine. Rechts und links fehlen Wände, aber vorne ist eine Tür. Es klingelt. Als ich aufmache, steht ein Mädchen vor dem Eingang. Als ich mich umdrehe, sehe ich den Rest einer Bande, so eine Art Dorfgesindel, das versucht das Gelände zu bestehlen. Durch mein Rufen und Schimpfen werden sie auf mich aufmerksam. Ich bewerfe sie mit umherliegenden Erdbrocken, und die Eindringlinge, die ich treffe, laufen davon. Merkwürdigerweise sind Menschen aller Altersstufen dabei, auch solche, die nicht eingedrungen sind, aber auch die vertreibe ich mit Erdklumpen.

Das Haus, d.h. ihre Persönlichkeit, ist noch „wie eine Ruine", der jegliche Stabilität fehlt. Das Klingeln ist eine Warnung und eine Ankündigung. Das Mädchen und die Erdklumpen sind neue Kräfte, die in Katharina wachsen. Sich mit niederträchtigem Gesindel herumzuschlagen ist ein Motiv, das wir aus den Mythen und Märchen kennen. Es ist ein Gerümpel von nutzlosen Überzeugungen, die sie im Laufe ihres Lebens angesammelt hat. Es ist wunderbar, daß sie diese Räuberbande in die Flucht schlägt, damit sie ihr in der Entwicklung von neuen Gedankenstrukturen nicht mehr im Wege steht.

Befreien Sie sich von Überflüssigem.

5.6.1993

In einem großen hellen Raum sitzen viele Leute auf Bänken an Tischen. Eine Schulkameradin sitzt zwischen Männern auf einer Bank und deutet an, daß es ihr nicht gutgeht. Plötzlich hat sie sich in einen Mann verwandelt. Sie legt den Kopf auf die gekreuzten Arme, die auf dem Tisch liegen. Ich lege den Arm um sie, um sie zu trösten. Die herumsitzenden Männer werden zudringlich. Die Spannung und die Aggression nehmen zu. Sie versteckt sich hinter meinem Rücken. Plötzlich stehe ich mit dem Rücken zur Wand und haue um mich, um andere abzuwehren.

Ein ähnliches Motiv begegnete Ihnen bei „Yang und Yin – mehr als ein „Traum", Seite 194. Auch in Katharinas Traum kommt es zu einer Versöhnung. Die Freundin ist sie selbst. Es gelingt ihr, Entschlossenheit und Durchsetzungskraft zu entwickeln.

6.7.1993

Ich sitze mit relativ vielen Männern auf einer Bank an einem Tisch in einem Raum. Wir verstehen uns sehr gut. Zwei von ihnen finde ich sehr nett, sie mich wohl auch. Gelächter, gute Stimmung und Verständnis tun gut.

Gewappnet steigt Katharina in die nächste Phase. Das Gewicht einer Trennungskrise berührt einen Schatz im tiefen Inneren. Der folgende Traum könnte einem Mythos oder Märchen entstammen, wo Zwerge eifersüchtig ihre Schätze bewachen.

15.7.1993

Ich bin in der Höhle mit erdigem Boden und kleinen Wassergräben. Um mich herum sind Gestalten mit Monsterköpfen. Ich denke, jetzt muß ich mich zum Schutz bekreuzigen. Das tue ich dann auch und habe keine Angst mehr vor ihnen.
Beim Aufwachen fühle ich mich gut.

In der Tiefe Ihrer Emotionen entdecken Sie sich selbst.

Dank ihrer Bitte um spirituellen Beistand, wird sie von einer dunklen Angst befreit, die „ungeschieden" mit der Dunkelheit verschmolzen war. Durch die Wassergräben ist aber schon eine Trennung, also eine Unterscheidung, angedeutet durch die Köpfe der Monster, getroffen worden. Das Wasser, ein Symbol für Emotionen, zeigt, daß diese Leistung durch die emotionale Erfahrung erreicht worden ist. Fühlen, Denken und eine höhere Kraft haben in wenigen Sekunden eine Transformation bewirkt. Fast segnend beschließt Katharina ihre Erlebnisse.

20.8.1993

Ich komme aus einem Kellergewölbe und fahre mit einem Stroh- und Reisigbesen über den Eingang und rechts an den Kellerfenstern entlang.

Ein Blick zurück ermutigt Erkenntnisse, um innere Autorität zu entwickeln

28.8.1993

Peter und ich suchen etwas in einer Werkstatt. Dort brennt eine trübe Lampe in der Mitte. Ich knipse die Schalter an, und es wird hell. Wir fliehen über eine Art Brücke, und ich merke, daß in den Lagerhallen noch alle Lampen brennen. Ich gehe zurück, um sie zu löschen, da die Stromkosten sonst zu hoch sind.

Vielleicht wollen Katharina und Peter ihre Beziehung reparieren. Was immer dabei ans Licht gebracht wurde, läßt die beiden schleunigst das Weite suchen. Die Lagerhallen horten vergangene Erinnerungen. Katharina weiß um die emotionale Energie, die das Verbleiben in der Vergangenheit verschlingt. Sie ist klug genug, das Licht zu löschen.

Das Verbleiben in der Vergangenheit verschlingt emotionale Energien.

13.10.1993

Ich träume ausführlich, daß Peter zurückkehrt und die andere geht. Warum, frage ich mich, da nun alles vorbei ist.

28.11.1993

Im Bett liegend fühle ich mich plötzlich bedroht. Der Vorhang bewegt sich hin und her, obwohl draußen kein Wind weht. Plötzlich ruft eine tiefe unheimliche Stimme: „Heirate!"
Ich schreie und wache mit trockenem Mund auf.

Nach dieser schockierenden Erkenntnis ist sie bereit, ihre Impulse in die gewünschte Richtung zu lenken.

10.1.1994

Ich gehe auf eine Burg zu; ein bissiger zähnefletschender Hund kommt mir entgegen. Ich fahre ihn an. Er gehorcht und läuft vor mir zum Burgtor.

Die Identitätssuche beginnt

Die Suche nach Ausweisen, Parkscheinen oder Pässen befaßt sich mit der Identität, deren Strukturen schon im Inneren angelegt sind. Wenn man meint, sie verloren zu haben, entsteht große Angst, so wie das bei „Grenzüberschreitungen" erlebt wird.

8.2.1994

Auf einer Urlaubsreise stelle ich kurz vor der Grenze fest, daß ich meinen Paß verloren habe. Vor der Grenze habe ich große Angst. Wie kann ich den Verlust nur erklären?

28.5.1994

Im Selbstbewußtsein spiegeln sich Freiheit und Unabhängigkeit.

Ich habe mein Auto geparkt und muß Gebühren bezahlen. Der Wächter versteht mich nicht, sein Französisch spreche ich nicht. Voller Panik suche ich nach meinem Geld und meinem Parkschein, finde sie dann in meiner Hosentasche.
Auf der Suche nach einem Autoparkplatz muß ich ständig über dunkle Reisigbündel klettern. Plötzlich falle ich in eine Senke und stehe vor einem Morastabhang, da möchte ich nicht hin. Ich drehe mich um und klettere die Reisigbündel hoch. Ich bin plötzlich unter vielen Menschen, laufe umher und habe ein gutes Gefühl und keine Angst.

Die Suche hat sich zu einer festen Entschlossenheit entwikkelt. Sie entscheidet sich, dem Morast fernzubleiben, obwohl sie zwei Monate später noch einmal hineinrutscht, aber von anderen herausgezogen wird.

Wie Unabhängigkeit ohne fremde Hilfe erreicht wird

4.5.1994

Ich bin in einer fremden Wohnung und habe den Schlüssel verloren. Ich streite mich mit einem älteren Mann darüber. Ich fühle mich ärgerlich, ängstlich und erwartungsvoll.

Schlüssel werden gebraucht, um sich selbst zu entdecken, auch ohne fremde Hilfe. Wenn sie trotzdem darum bittet, merkt sie, daß ihr nicht wohl dabei ist. Später braucht sie sie gar nicht mehr. Auf diesem Alleingang muß sie aber selbst auf passendes Schuhwerk und Gefahren achten, das Ziel nicht aus den Augen verlieren und sich an frühere Fertigkeiten erinnern.

Schlüssel dienen der Selbstfindung.

9.5.1994

... An einem Zaun frage ich einen mir unbekannten Mann nach dem Weg, den wir dann zusammen ein Stückchen gehen, obwohl mir nicht wohl dabei ist. Der Mann steigt dann über einen Zaun, so daß eine ruhende Kuhherde aggressiv wird. Ich renne so schnell ich kann auf den Weg zurück.
Später sehe ich Trauben an einem Baum hängen und frage in Swahili, was das für schöne Trauben sind. Eine Person bewundert meine Sprachkenntnisse.

18.6.1994

Ich stehe mit hellen Sommerschuhen in einem Garten. Die Gartenerde ist sehr schmutzig. Am rechten Schuh löst sich an der Spitze die Sohle.

6.7. 1994

Ich gehe auf einem Weg. Plötzlich merke ich, daß ich meine Schuhe verloren habe. Ich gehe zurück, finde sie aber nicht mehr. Dann gehe ich eine Treppe hoch, wo sich in einem Zimmer mehrere Leute befinden. Ich weine, weil mich niemand mag. Aber mein Cousin nimmt mich in den Arm und sagt: „Wir haben dich doch alle lieb“, was ich ihm aber nicht so ganz glaube.

13.7.1994

1. Ich laufe mit Leuten eine Asphaltstraße entlang. Im Traum wußte ich noch das Ziel. Mittendrin sage ich, das ich so nicht nach Hause komme, da mein Auto am Ausgangspunkt steht. Wir gehen zurück.

2.Viele Leute sind um mich herum. Unerwartet bin auf einer Baustelle. Ich suche weiter und laufe über Schotter. Indem ich einem riesigen Lastwagen ausweiche, trete ich zurück und falle in einen modrigen Graben. Ich beuge mich nach vorne, damit ich nicht versinke. Zwei Leute, ein Mann und eine Frau, ziehen mich heraus. Der Mann legt seinen Arm um meine Schultern, was mir lästig und unangenehm ist. Ich schüttele ihn ab.

Tiefgreifende Veränderungen (Zahnausfall und Schlangenverbrennung)

30.7.1994

Ich bemerke, daß ein Zahn wackelt, links unten in der Ecke. Vorsichtig bewege ich ihn, dabei fallen alle Zähne heraus. Sie haben keine Wurzeln und sind auf einer Schiene in den Kiefer eingesetzt. Panisch versuche ich, alle kunterbunt reinzusetzen, doch es entsteht nur Chaos ... Beim Zahnarzt nehme ich alle Zähne heraus, aber er selbst macht nichts.

Als ich wieder draußen bin, stelle ich mit Schrecken fest, daß ich noch keinen Termin habe. Meine Bekannte versichert mir, daß die Zähne halten werden. Zuletzt sitzen wir alle drei im Auto. Der Zahnarzt fährt, ich sitze rechts und die Bekannte hinten. Er hält eine Molekular-Atomstruktur in den Händen und sagt lachend: „Wenn ich damit nach Hause komme“, und ich ergänze, „wird ihre Frau aber staunen – und sich freuen.“

Ihre innere Struktur ist vollkommen.

Ich fühle mich gut, als ich aufwache.

12.8.1994

1. Ich stehe mit zwei Leuten in der Küche, spüle die Kehrschaufel und entdecke darauf lauter winzige wimmelnde Schlangen. Zu den anderen sage ich, jetzt weiß ich endlich, wo die Erreger der Mambakrankheit brüten, und versuche, sie mit Wasser abzuspülen. Wir einigen uns, sie zu verbrennen. Ich fühle auch noch Schlangen auf meinem rechten Oberschenkel, die ich mit beiden Händen packe, damit sie nicht wegschleichen. Dann gehe ich nach unten, um auch sie zu verbrennen.

2. Es kriechen zwei, drei dunkle, dicke Schlangen, verletzt oder ohne Haut, auf dem unbefestigten Boden eines Kellers auf mich zu. Ich stehe in der offenen Tür und habe keine Angst.

20.11.1994

Ich gehe mit Peter in einem Freizeitzentrum spazieren. Plötzlich bin ich allein. Nach einer Weile werde ich unruhig und suche ihn, kann ihn aber nirgendwo finden. Ich gehe durch viele Gassen. In einem Hof frage ich zwei Frauen, wie und wo man hier am besten jemanden finden oder suchen kann.

14.1.1995

Peter liegt im Bett auf dem Rücken, ausgestreckt in Hemd und Hose, und ist tot. Ich sitze an der rechten Seite seines Bettes und lege meine rechte Hand auf seine Brust. Ich bin traurig, aber ich komme nicht dazu zu weinen.

Tod heißt Verwandlung.

Neue Wege werden ausprobiert und die Persönlichkeit „ausgestattet"

Nachdem Katharina die Suche nach ihrer alten Identität, zu der auch ihr „verstorbener" Mann gehörte, abgeschlossen hat, wendet sie sich anderen Beziehungen und Interessen zu. Sie erprobt neue Wege, „ungeteerte", und fühlt sich gedrängt, ihre Persönlichkeit „auszustatten". Bei der Wohnungssuche und Möbeleinrichtung probiert sie einiges aus. Indem sie Unwichtiges erkennt, kann sie sich um das Wesentliche kümmern.

22.6.1995

Ich sitze mit einigen Leuten zusammen, Rainer ist auch dabei. Wir sitzen an einem langen Tisch auf Bänken. Rainer und ich haben Augenkontakt. Er reagiert interessiert. Beim Weggehen küßt er meine Hand, und ich küsse seine ebenfalls. Ich bin sehr froh.

Im Traum werden Bedrohungen und Ängste verarbeitet.

20.9.1995

Ich laufe auf einem ungeteerten Weg. Große Pfützen versuche ich zu vermeiden und gleichzeitig Autos auszuweichen. Ich weiß, daß ein LKW hinter mir ist, aber ich erreiche noch rechtzeitig einen trockenen Ausweichplatz.

6.10.1995

Ich schaue durch die offene Tür meiner Wohnung in einen dunklen Hausflur. Dort türmt sich Gepäck einer fremden Frau. Mulmige Gefühle beim Aufwachen.

15.1.1996

1. Ich sehe, daß ein Büro ausgeräumt ist. Alle Möbel stehen auf dem Gang. Jemand hat falsche hineingestellt. Ich will mich beschweren, aber niemand reagiert.

2. Die Wohnung einer Kollegin ist mit Krimskrams und Porzellanfiguren vollgestopft.

(Inzwischen ist Katharina in eine andere Stadt gezogen.)

23.2.1996

1. In meiner früheren Wohnung sitzend, halte ich einen alten Ball in der Hand. Ich erschrecke. Ich will hier weg und keine Hausbewohner treffen. Ich schlüpfe schnell aus der Verandatür.

27.5.1996

Ich stehe auf dem grünen Rasen meiner Wohnung und betrachte meine frühere Ehewohnung. Sie sieht ganz anders aus. Die Veranda ist verschwunden, und alle Fenster und Türen sind zugemauert, auch die auf der Rückseite. Ich wundere mich, daß den Nachmietern das gestattet wurde.

Die Heilung der Gefühle

Nachdem sich Katharina in ihrer Existenz gesichert fühlt, kann sie sich um die Heilung ihrer Gefühle kümmern. Ihre toten oder verletzten Tiere werden mütterlich umsorgt und die rechte Vorderpfote ihres Hundes wird wieder zusammengenäht. Die Schildkröte mit ihrem dicken Panzer betont den Schutz, mit dem sich Katharina jetzt bedenkt.

23.6.1996

Ich sehe ein Vogelkind, das auf einem Ast sitzt. Die Mutter nimmt es in den Schnabel und fliegt mit ihm in ein Nest unter eine Dachrinne.

27.6.1996

Ein Schäferhund hinkt auf mich zu. Aus seiner rechten Vorderpfote ist ein Stück herausgerissen. Ich schreie um Hilfe und tobe herum. Ein Tierarzt meldet sich, die Pfote wird angenäht und verbunden. Der Hund wird wieder gesund.

3.7.1996

Als ich aus dem Fenster sehe, läuft eine Schildkröte mit einem langen Schwanz durch den Garten. Sie läuft um einen Teich auf die Tür zu. Sie schlüpft rechts unter eine Öffnung, die sie sich mit dem Kopf freimacht.

Die „alte Haut" will abgestreift werden

16.7.1996

Auf einem Ausflug mit einer Gruppe auf einen Bauernhof halte ich mein Geld (Energie) und eine Art Ausweis krampfhaft in der Hand. Suchend laufe ich durch Ställe und Gebäude. Es kommen zwei komische Gestalten, wie zwei laufende Maschinen, auf mich zu, die Fleischklopse aus mir machen wollen. Die Idee gefällt mir nicht. Doch eine von ihnen redet mir gut zu und sagt, daß es ein Kinderspiel sei. Ich werde von beiden um eine Stange gedreht.
(Siehe „Opfer und Täter", Seite 195)

Geld ist ein Ausdruck von Energie.

23.8.1996

1. Ich sitze in Bagdad in einem Café an einem runden Tisch. Ich unterhalte mich mit ein paar Männern.

2. Auf einem Campingplatz möchte ich Verwandte besuchen. Ich spreche mit schwarzen Frauen Swahili.

Hiermit sind nicht ihre Verwandten gemeint, sondern die Erfahrungen, mit denen sich Katharina verwandt fühlt.

3. Ich stehe in einer Umkleidekabine und versuche ein Kleid an – und ein anderes auszuziehen Die alten Kleider wollen nicht von den Schultern herunter.

Sprengen Sie die Grenzen Ihrer Vorstellungen.

1.11.1996

1. Mit einer Freundin am Straßenrand sitzend, schaue ich in ein Tal hinab. Ich bin erstaunt, was ich alles in der Ferne sehe. An Händen gefaßt, fahren wir durch die Straßen Rollschuhe. Trotz der hohen Geschwindigkeit fallen wir nicht hin. Es ist wunderbar.

28.11.1996

Mein Begleiter und ich sitzen am Rande eines Feldes. Ich warne vor Bienenstichen und werde prompt in den Daumen gestochen. Ich beeile mich, zum Arzt zu kommen. Angekommen laufen wir im Gedränge auf einen düsteren Flur, wo wir Türen- und Namensschilder der Ärzte absuchen. Auf keinem Schild finde ich den Namen meines Arztes. Ich frage bei allen Anwesenden herum, doch niemand kennt ihn. Ich werde ärgerlich und öffne einfach die Türen. Aber er ist nicht da. Dann fällt mir ein, daß er gestorben ist. Ich unterhalte ich mich mit einer Sprechstundenhilfe und vergesse darüber meinen Daumen.

Transformation und neues Leben

23.3.1997

Ich stehe am Rande einer Menschenmenge vor einer Vorhalle. Es ist heller Tag. Es fällt mir eine Priesterin ins Auge, die einen hohen spitzen Hut, einen schwarzen hohen Schleier vor dem Gesicht und ein langes Kleid mit einem schwarzweißen Stehkragen trägt. Freundlich lächelnd verläßt sie die Halle durch eine Tür aus hellem Holz, die in einer Holzwand eingelassen ist.

2. Ich stehe im Dunkeln und schaue auf einen hohen beleuchteten Mast. An seiner Spitze ist eine Plattform befestigt. Darauf steht ein Paar, das mir mit dem Rücken zugewandt ist und Eimer voller Abfälle nach vorne hinunterkippt. Am Ende erschrecke ich, weil ich weiß, daß der Eimer herunterfällt. Das passiert auch, aber er fällt hinter mir herunter, obwohl sich das Geschehen vor mir abspielt.

3. Im Dunkeln liegt ein kleiner Hügel vor mir, ich stütze eine ältere Frau am rechten Arm. Sie wirft Abfall in die dunkle Tiefe.

4. Ich bin auf einem dunklen erdigen Gelände. Es kommen vier Hunde verschiedener Rassen bellend auf mich zu. Ich streichele dem linken Hund den Kopf, und sie folgen mir friedlich zu einem nahen Haus. Dort wollen sie mit mir durch die Haustür, doch ich weise den Schäferhund mit der rechten Hand ab. Sie ziehen davon und ich schließe die Tür. Ich gehe auf ein kleines beleuchtetes Wohnzimmer zu.

Sehen wir uns diese wunderschönen Träume an, die in einer Nacht in größeren Abständen geträumt wurden. Die Gegensätze und Verdoppelungen sind ein Symbol für die Reflexionsfähigkeit der Träumerin, die sich dadurch selbst erkennt. Am Anfang der Traumserie ist es die rechte Hand der sterbenden Person, die sie ablehnt. Hier ist es ihre eigene, die bestimmt und liebevoll handelt. Es geht um Kontraste von oben und unten, schwarz und weiß, hell und dunkel, alt und jung, links und rechts, vorne und hinten, innen und außen, Priesterin und alte Frau, die, wie das letzte Beispiel zeigt, zusammengehören und eine „Gestalt" sind. In einem Ritual wird Katharina geholfen, die Abfälle aus der Vergangenheit „hinter" sich zu lassen.

Besonders im Traum zeigen sich Gegensätze als zugehörig.

Der Priesterin und der alten Frau, die beide in dem Paar, das auf der Plattform steht, amplifiziert werden, stehen vier Hunde gegenüber, die Katharina im Vergleich zu den früheren Träumen freundlich aber bestimmt zu behandeln weiß. Dieses Mal streichelt sie den Kopf des Hundes, der weder weint noch verletzt, sondern zufrieden und zutraulich ist. Die Priesterin, ein Symbol für Einweihung und höhere Erkenntnisse, verschwindet hinter der Tür; zu ihren Kräften hat Katharina immer Zugang. Die Hunde aber werden als Hüter davor bleiben.

10.9.1997

Ich fühle mich nackt. Ich erlebe Gefühle des Erschreckens und fürchte mich, „so“ unter die Leute zu gehen. Am Fenster stehend hänge ich einen Mantel um.
Tagsüber fühle ich mich zusehends nackter.

11.9. 1997

Indem Sie Verdrängtes erkennen, können Sie sich davon befreien.

Ein Schal fällt über mein Gesicht, mein Kopf ist genau umgedreht, unten ist oben. Ich versuche, den Schal wegzuziehen. Er ist so schwer wie Blei. Zuerst bewegt sich überhaupt nichts. Ich strenge mich sehr an und fürchte, daß mir dabei die Luft ausgeht. Trotzdem bin ich zuversichtlich, daß ich es schaffe.
Ich habe ein phantastisches Gefühl, die Initiative ergriffen zu haben.

4.11.1997

Ich bin mit vielen Frauen zusammen. Wir tragen alle Brautkleider und Schleier. Wir steigen nacheinander von einem weißen Flachdach über eine Holzleiter nach unten. Dann befinden wir uns in einem Raum. Der Schleier stört mich. Als ich einige Frauen ohne Schleier sehe, ziehe ich meinen erleichtert ab.

Beginnen wir mit dem ersten Traum dieses Abschnittes. Die Entblößung befreit von alten Vorbehalten und Vorurteilen, und Katharina fragt sich, wie sie „so“ unter die Leute gehen kann. Aber nur „so“ spürt sie das Tuch auf ihrem Gesicht, dessen bleiernes Gewicht ihr gar nicht bewußt war und das sie über zwei Jahrzehnte mit sich herumgeschleppt hat.
Indem Verdrängtes wieder erkannt wird, gelingt es ihr, den Schal zu entfernen, der am Anfang der Traumserie zweimal

als Schleppe diente, und mit dem auch „die Neue" zugedeckt war. Auch entdeckt Katharina, daß es genau diese Schleppe ist, die sie als Brautschleier trägt. Sie legt ihn erleichtert ab, denn mit ihm hat sie sich vor fast sieben Jahren auf der Balustrade erdrosselt. Die Gefangenschaft in ihrer Ehe wird ihr erst im Laufe ihrer Identitätsfindung bewußt, dessen Kreis sich mit dem letzten Traum schließt. Dieses Mal ist es nicht die nach innen gerichtete Balustrade, sondern der nach außen blickende Balkon, der die Rückkehr in die Welt zu einem Fest macht.

7.3.1998

Am hellen Tag stehe ich auf der Straße und schaue gegenüber auf einen Balkon im zweiten Stock eines Hauses. Ein kräftiger Mann betritt den Balkon. In der linken Hand trägt er einen Korb mit Lebensmitteln, aus dem ein Kind herausschaut. Auf der rechten Seite trägt er ein Brett, das er mit einem Schütteln abwirft. Aus dem Brett wird ein langer Tisch. Er beugt sich zu dem Korb hinunter und beginnt den Inhalt herauszunehmen. Dann zieht er Kinder aus dem Korb. Es kommen noch weitere Kinder aus dem Hintergrund, d.h. aus der Wohnung heraus. Am Schluß stehen alle gedrängt auf dem Balkon. Ich sehe nur die Köpfe, die mich alle ansehen. Auch der Mann blickt mich an. Es sind sechzehn Köpfe. Ich zähle sie noch einmal; es sind wieder sechzehn. Wie passen sie nur alle auf den Balkon?

Entdecken Sie die Wunder Ihrer Träume.

Im letzten Traum wird noch einmal das Thema der allerersten Träume aufgegriffen. Auf diesem Balkon wird aber niemand erdrosselt. Hier ist der Mann kräftig, er ist sogar ein Zauberer und hat nichts mit der Person zu tun, die anfangs im Sterben liegt. Dieses Mal sind Lebensmittel mit Kindern umgeben; damals war der Lebensmittelladen für das fünfjährige Mädchen ein Alptraum. Jetzt gibt es ein Zuhause, nach dem Katharina lange gesucht hat und das sechzehn Kinder hervorbringt.

In „Szenen einer Trennung" habe ich versucht zu veranschaulichen, wie der Traum konstruktiv in die Bewältigung von Lebenskrisen eingreift. Als ständiger Begleiter zeigt er Wahrheiten, die nicht schockieren, sondern zu neuen Initiativen und Selbstverantwortung einladen. Auch wenn die Träume Katharina ein paar „schlaflose Nächte" bescherten, so scheint doch die Auseinandersetzung mit ihnen für sie die einzige Möglichkeit gewesen zu sein, wünschenswerte Veränderungen herbeizuführen.

Es ist begrüßenswert, daß Katharina den Mut hatte, noch einmal in ihre Vergangenheit einzusteigen, die an sich ja die Gegenwart ist, mit der sie heute lebt. Rückblickend ist sie immer aufs neue von ihren Träumen fasziniert. Als wir bei der Bearbeitung des Manuskripts zu diesem Buch noch einmal die wichtigsten Stationen dieser sieben Jahre diskutierten, entstanden wieder neue Einsichten und Erkenntnisse, die Katharina begeistert in ihr Leben integriert. Ganz herzlich danke ich ihr für die fruchtbare Zusammenarbeit und das Vertrauen, das sie mir in den letzten sieben Jahren geschenkt hat.

Sie empfiehlt Ihnen, liebe Leser, Ihr Traumtagebuch zu einem Lesebuch zu machen und öfters darin zu blättern. Vieles, was Sie vielleicht vergessen haben, wird Ihnen dabei gegenwärtig und beleuchtet das Unverstandene, das damals noch im dunklen lag. Ihre schriftlich festgehaltenen Träume und Ihre „Notizen vom Traum und Erwachen" sind Reflexionen und Memoiren von unschätzbarem Wert. Sie gehören zu Ihrem Leben, das von der Fülle Ihres Seins beseelt ist. Erfahren Sie Vergangenheit, Gegenwart und Zukunft im Hier und Jetzt. Fühlen Sie sich beschützt, wenn Sie Ihrem Lebensplan und Ihren Wünschen zur vollsten Entfaltung verhelfen. Es gibt nichts, was Sie daran hindern könnte, außer vielleicht Sie selbst. Vertrauen Sie Ihren Träumen, in denen Unmögliches möglich wird.

Beschließt du eine Sache, so wird sie dir gelingen.

Anhang

Literatur

Bancroft-Hunt, Norman: Indianer Nordamerikas, Bindlach 1994.

Bynum, E.B: Families and Interpretation of Dreams, Norwood, Australia 1993.

Couliano, I.P.: Jenseits dieser Welt, Außerweltliche Reise von Gilgamesch bis Albert Einstein, o. O. 1995.

Drewermann, Eugen: Tiefenpsychologie und Exegese. Bd. I: Die Wahrheit der Formen. Traum, Mythos, Märchen, Sage, Legende, Zürich 8. Aufl. 1990.

Faraday, Ann: Die positive Kraft der Träume, München 1984.

Garfield, Patricia: Kreativ träumen, Bern 1993.

Godwin, Malcom: Der Traum, München 1995.

Green, Celia und Charles McCreery: Träume bewußt steuern, Frankfurt 1996.

Hark, Helmut: Mit den Engeln gehen, München, 3. Aufl. 1998.

Kaplan Williams, Stephron: Der Schlüssel zum Unterbewußtsein. Das Handbuch der Traumdeutung, Bindlach 1995.

Meckelburg, Ernst: Zeittunnel. Reisen an den Rand der Ewigkeit, München 1991.

Neville, Resurrection: Feeling is the Secret, Marina del Rey, California 1987.

Norbu, Namkhai: Traum-Yoga. Träume bewußt lenken, Bern 1994.

Schwab, Gustav: Sagen des Klassischen Altertums, Wien 1974.

Shafton, Anthony: Dream Reader, Albany 1995.

Signel, Karen A.: Weisheit des Herzens, Freiburg 1994.

Sterling, Nerys Dee: The Dreamer's Workbook, New York 1989.

Tholey, Paul: Schöpferisch träumen, Eschborn 1997.

Ullmann, Montague: Appreciating Dreams, Thousands Oaks, California 1996.

Van de Castle, Robert L.: Our Dreaming Mind, Toronto 1994.

Weinreb, Friedrich: Kabbala im Traumleben des Menschen, München, 2. Aufl. 1992.

Traumtitel und Traumthemen auf einen Blick

Eine Übersicht über die Titel der Träume und ihrer Themen finden Sie in der folgenden Aufstellung. Zu Ihrer Information sind die Kapitel, in denen diese Träume zu finden sind, ebenfalls angeführt.

Träume erzählen	Beziehungen	Unser Jeep kippt um	81
	Isolation	Im Zirkuszelt hockt die Gefahr	84
	Beobachter	Wer ist diese Frau?	85
	Sexualität und Familie	Mein zärtlicher Tanz wird skeptisch beobachtet	86
Universale Symbole	Angst	Die Hexe mit den roten Augen	93
	Bewußtsein	Das goldene Licht	94
Verhalten der Traumtiere	Höheres Bewußtsein	Der sprechende Gorilla	99
	Verdrängte Impulse	Mein Tiger bedroht mich mit seiner Wildheit und Einsamkeit	100
	Gesundheit	Das verletzte Löwenkind	100
	Blockade	Wütend schleudere ich den Wurmhaufen auf den Boden	103
	Schwangerschaft	Helena knallt den Karpfen auf die Erde	104
Mutter Erde	Entspannung	Der umgepflügte Acker reicht von Horizont zu Horizont	111
	Sich selbst Mutter sein	Ein Kind verliert seine Mutter	112
	Liebe	Die Träne einer Mutter	114
Wasser und Emotionen	Überforderung	Die Überschwemmung kam überraschend	118
	Magere Zeiten	Das leere Wadi	119
	Undurchsichtigkeit	Der See liegt im Halbdunkel, das Wasser ist fast schwarz	120
	Mut zum Leben	In ungewisser Zukunft liegt Faszination	121
Feuer – Psychische Energie	Illusionen	Ob auch dieses Streichholz verlischt?	126
	Heiliges Feuer	Elfriede	128
Luftelemente – Logos, Denken	Klares Denken	In der Auseinandersetzung werden Formen konkret	130
	Weisheit ist in mir	Der Meister ist neutral und zurückhaltend	132
	Autoritäre Gewalt	Macht – Auflehnung – Depression	133
	Kinder ohne Väter	Mein Vater ist gestorben	134
	Streß abbauen	Die Prüfung steht vor der Tür	134

Ausführliche Inhaltsübersicht